女性こそ活躍できる!

不動産売買の世界

宅建マイスター・フェロー
白木淳巳
SHIRAKI ATSUMI

幻冬舎MC

女性こそ活躍できる！
不動産売買の世界

はじめに

かつて日本では「男性は仕事、女性は家庭」という考え方が定着しており、女性は家事・育児・介護を担い、家にいるのが一般的でした。しかし現在では女性の社会進出が加速し、女性の活躍を期待して女性営業職の採用も広がっています。

営業職の魅力として、事務職などほかの職種と比較すると給料が高いことが多いという点が挙げられます。営業職に毎月のノルマが設けられている場合、ノルマを達成した社員に報奨金を支給するインセンティブ制を導入している会社は少なくありません。自身の努力の結果が給与という目に見えるもので返ってくるということは、大きなやりがいやモチベーションにつながります。また成果が数字で表れるため、実績が自身の評価やキャリアに直結することもメリットといえます。

とはいえ、会社によってはまだまだ年功序列や男性社会といった風土が残っているのも事実です。そのため女性が営業職を目指す場合、活躍しやすいかどうかやキャリアアップできるかどうかなど、就職しようとしている業界や会社の特徴を知っておく必要があります。

私は大手不動産会社（宅地建物取引業者）の営業として居住用や投資用物件の仕入れと販売を担当

してきました。その経験からいえるのは、不動産売買の営業こそ女性が活躍できる職であるということです。

確かに不動産売買の営業も男性中心の旧態依然とした世界ですが、完全実力主義のため実績を上げれば性別はもちろん年齢や経験にもかかわらず、高収入とハイキャリアを実現することが可能です。

さらにそのような環境だからこそ数少ない女性の営業は顧客に覚えてもらいやすく、印象に残ります。物件の案内や打ち合わせなどでは、女性ならではの提案や細やかな気配りが強みにもなります。女性の希少性と特性を活かすことで、自然と顧客から声が掛かり、仕事が舞い込んでくるのです。

私が2010年に設立した不動産売買の会社でも、女性の営業スタッフたちはのびのびと働き、十分な収入を手に入れています。業界歴が長く、前職では何度もトップ営業となった私が手こずる案件を、新人の女性スタッフがすぐに契約してきたこともありました。とはいえ不動産営業と聞くと未経験者には難しいのではないか、「宅建（宅地建物取引士）」の資格が必須なのではないかと不安に思う女性もいるかと思われますが、不動産売買の営業で最も重要なことは不動産を売れるかどうかです。売るための知識や仕事のスキル、素養があれば、資格は仕事をしながら勉強し、タイミングを見て取ればよいのです。私の会社の場合、私が宅建士のエキスパートと呼ばれる宅建マイスターに認定されていますので、日々の業務を通じて彼女たちの宅建取得を支援し、それが彼女たちのキャリアアップにつながっています。

本書では満足できる報酬と自らの成長につながるキャリア形成をしたい女性に向けて、不動産売買営業の魅力やメリットについて解説します。さらに、不動産売買の営業において収入を増やすためのポイントと、上級宅建士である宅建マイスター認定まで見据えたキャリアアップのポイントもまとめています。

経済的にもキャリア的にも満足できる人生を実現するため、本書が一助となることを祈っています。

目次

第3章
接客、交渉、資格取得……
女性が不動産売買営業で成功するためのポイント

第4章

資格取得でスキルを高め、さらなる高収入を実現 不動産売買営業でいきいきと働く女性たち

第5章

収入が上がり、やりがいも増す不動産売買営業で〝一生安泰〟な生活を手に入れる

第1章

男性中心の業界だからこそ女性が活躍できる不動産売買の世界

女性が社会で活躍する時代

女性の社会進出が進み、男性並み、あるいは男性以上にバリバリ働く人が増えています。厚生労働省のデータを見てみると、２０２０年の女性の就業者数は約３０００万人、男性は約３８００万人で、世の中で働いている人の40％以上が女性です。女性の就業率を年代別で見ると、20代から50代までで70％以上となり、年齢的に仕事ができる状態にある女性のほとんどが何かしらの仕事をする時代になったことが分かります。

昭和の日本では「男性は外に出て働く、女性は主婦として家庭を守る」という価値観が定着していました。しかし、今は時代が違います。女性と社会の距離が近くなりました。仕事をして稼ぐという側面だけでなく、社会と関わって成長する、誰かの役に立つ、仕事をする楽しみを味わうといった点でも、男女の差がどんどん小さくなっているのです。

また、女性は家庭内で出産や子育てを担うことが多い実態から、20代後半から40代前半までの期間の就業率が低下し、グラフ化するとアルファベットの「M」の形に似た曲線を描くM字カーブの問題がありました。しかし、その点でも変化が見られます。

例えば昭和の時代はM字のいちばん低い部分、つまり35歳から39歳の層で就業率が50％台まで落ち込んでいましたが、直近では同じ層で76％が仕事をしています。その背景としては少子化や子どもをもたない家庭の増加、未婚率の上昇などが挙げられ、子育てのために仕事を離れる必要性がない人が増えたことがあります。また、時短労働やリモートワークなどによって子どもがいても仕事ができる環境が整ってきたことも挙げられますが、それよりも大きいのは意識の変化です。政府や企業が女性の社会進出を推進し、当事者である女性も仕事を続ける必要性と価値を認識し、結果としてM字カーブの凹みが年々小さくなっているわけです。

企業は女性を求めている

欧米の先進国などと比べるとまだ日本のM字カーブの落ち込み度合いは大きいのが現状です。しかし、これまでの流れを踏まえると、その差は今後小さくなる予測です。

この変化から、企業にとって女性は貴重な労働力であり、女性を確保する重要性が増していることが読み取れます。流行りの表現でいえばダイバーシティ経営という言葉で表現できます。

そもそも旧来のように男性中心で、男性偏重の雇用ばかりしている会社の労働力は日本の人口減少、つまり男性の労働者数の減少ペースに合わせて弱まっていきます。人口が減っている日本がどうにか成長を維持し続けられているのは、貴重な労働力である女性の社会進出が進んでいるからともいえますし、今後の日本の生産性と労働力を維持していくためにも、女性の確保、登用、活躍がさらに重要になります。

また、働き手の半分が女性であると同時に、商品やサービスの買い手も半分が女性です。女性の消費者を満足させ、彼女たちの支持を得ていくためには女性目線での商品・サービス開発が必要です。そのためにも、女性を採用して活躍できる場をつくり出すことが重要なのです。

また、働き手となる女性側が、自分自身が貴重な労働力であることを認識し、素質や能力を十分に発揮する必要もあります。社会に必要とされ、活躍できる人となるためには自分の素質や能力を発揮できる仕事を見つけることが大事ですし、そのために勉強したり経験を積んだりして、素質や能力そのものを伸ばし、労働力としての価値を高めていくことも重要です。

一般的にいわれる女性ならではの素質として、人当たりの良さ、きめ細やかさ、共感力の高さなどが挙げられます。看護師、栄養士、幼稚園教員などの職種で女性比率が高いのも、業種としてサービス業や接客業で働く女性が多いのも、女性ならではの素質を発揮しやすいからといえます。

逆に、研究者、技術者、医師、弁護士などは女性比率が少ない職種です。しかし、これらのいずれにおいても、人当たりや細やかさ、共感力などが重要でないものはありません。これは明らかに差別に基づいたもの、もう少し穏やかにいえば、制度上の不備によるものです。会社役員や組織の管理的立場に就いている女性が少ないのも同様です。「先生」や「○○長」と呼ばれる上位の立場に女性の姿が少ないのは、決して能力の面で男性に劣るからではありません。

素質と能力を発揮できる仕事を探す

私は今の会社を創業して以来、女性の従業員を何人も雇ってきました。なかには部門長などの要職を任せてきた女性もいます。その経験を踏まえても、力仕事など一部の仕事を除けば、能力面で男女差はないと思いますし、むしろ女性のほうが優秀だと感じる場面も多々あります。

それでも現実として雇用の男女差が生まれるのは、女性の就業率が低い業種や業界には環境、制度、慣習、雰囲気などの面で女性が働きづらい要因があるからです。今後、女性の社会進出がますます進んでいくことは間違いありません。働き手も消費者も、世の中の半分は女性という点から見れば、女性が働きづらい職種や業界はこれからの社会で競争力を失い、衰退していくだろうと考えられます。

一方、働き手側である女性も、この業種は女性に不向きである、この業界は女性が働きづらいといった先入観にとらわれてしまうと、素質と能力を発揮できるかもしれない仕事の分野を自ら狭めることになります。そのせいで仕事を通じて稼ぐ、成長する、社会に貢献する、楽しむといった機会を逃すことにもなります。

仕事は何年も継続して関わるものですから、短期的にではなく中長期的な目線で考えることが大事です。女性の社会進出が加速している世の中と、その変化によって仕事の環境や内容がどう変わっていくかを考えながら自分の素質を発揮し、能力を伸ばしていける仕事を選ぶことが重要なのです。

不動産営業は女性が輝ける仕事

私が属している不動産業界は、女性が働きづらいという先入観がある業界の一つです。昭和の頃によくいたダブルのスーツを着てセカンドバッグを小脇に抱えるようなおじさんはさすがに絶滅しかけていますが、男性比率は相変わらず高く、気合いと根性を信条に掲げる体育会系の会社はまだまだ数多く存在しています。

特に不動産の営業職はその傾向が強く、過度な残業や顧客の理不尽なクレームに耐え、相手の迷惑を考えずにテレアポと飛び込み営業を繰り返す情熱的な営業マンが幅を利かせています。そのせいもあって、不動産営業はほかの業種と比べて女性比率が低く、業界内で働く女性も事務職や営業アシスタントの仕事にとどまっているのが実態なのです。

私は28年にわたって男性社会である体育会系の不動産業界で仕事をしてきました。賃貸物件の営業もやりましたし、売買の営業もやりました。

そして、一つの結論にたどり着きました。女性に敬遠されがちな不動産の営業こそ、女性が輝ける仕事だということです。

理由は単純で、情熱的にアタックする営業マンばかりの環境だからこそ、女性の人当たりが良い、きめ細やかな素質が光るからです。このアドバンテージを活かすことで、女性は仕事を通じて稼ぐ、成長する、社会に貢献する、楽しむ、のすべてを実現できるのです。

成績と資格で収入が増えていく

仕事の目的の一つである収入面から見ると、不動産営業は成績次第でたくさん稼ぐことができます。他業種の営業職と同様、不動産営業も契約件数や売上高に応じて収入（歩合、インセンティブ）が増える仕組みだからです。

報酬の構造は、固定給である基本給と歩合給の2階建てで、基本給は他業種より低く、勤続年数などでもほとんど増えません。しかし、歩合給の部分は働き方次第で増やすことができます。きちんと契約が取れるようになれば歩合給が基本給の金額を超えることも普通にあります。私の会社の社員を例に見ても、入社2、3年目で世の中の中間管理職くらいの収入になっていますし、年収1000万円以上稼いでいる人もいます。

お金がすべてとはいいません。しかし、やったらやった分だけ報酬に反映される仕組みは、モチベーションの向上につながります。これは事務職などでは得られない満足要因です。

また、不動産営業として活動していく過程では、不動産関連の資格で代表的な宅地建物取引士（以下、宅建士）などの資格を取得します。資格をもつことは働き手としての価値と希少性を高めることですので、これも収入が増える要因の一つになります。

宅建士の登録者数を見ると、男女比率はだいたい4対1です。宅建の上位資格に相当する宅建マイスターの女性比率はさらに少なく、私の会社がある福岡県を例にすると、最近になってようやく県で初の女性宅建マイスターが誕生したばかりです。つまり、不動産営業の世界で宅建資格をもつ男性営業員は珍しくありませんが、女性営業員は希少です。有資格者として十分な知識をもち、さらに、人当たりの良さやきめ細やかさといった女性ならではの特徴を活かすことで、自然と男性営業員と差別化され、顧客の注目度が高まり、仕事の依頼が増え、収入も上がりやすくなるのです。

学びが多い仕事だからこそ成長できる

仕事を通じた成長という点では、不動産営業は資格職ですので、資格取得のための勉強を通じた成長が見込めます。また、不動産営業で扱う不動産は条件が一つひとつ異なり、契約相手のニーズも一人ひとり違います。そのため、単一の商品を売る営業や、一人や一社を相手にする営業と比べて難易度が高いといえます。

不動産について、まず世の中には一つとして同じ条件の不動産がありません。立地、築年数、設備などが異なり、同じマンション内の物件でも、階数、間取り、日当たりなどが異なります。契約相手もさまざまです。人によって予算の幅が違うだけでなく、戸建て希望の人とマンション希望の人がいたり、居住用ではなく収益物件として一棟アパートや投資用ワンルームを探している人がいたり、相続した土地を売りたい人、山や畑を売りたい人などもいます。

賃貸、売買を問わず、契約を成立させるためには不動産それぞれの特徴と顧客それぞれのニーズを踏まえてマッチングさせなければなりません。マッチングさせる際には法律やリスクなどを知っておく必要があります。リサーチや勉強が非常に多いため、仕事を通じた成長もしやすくなるのです。

人は基本的には成長意欲をもっているものです。成長を実感することが喜びを生み、もっと頑張りたい、難しいことに挑戦してみたいといったモチベーションを高めます。モチベーションが高まると、それが努力するエネルギーになり、成長につながっていきます。不動産営業はこうした好循環を生み出します。難易度が高い仕事に取り組み責任をもってこなしていくこと、知識と経験が増えること、資格を取得することによって仕事による充実感を満たすのです。

女性活躍の変化を追い風にする

難しい仕事をこなしていくことは、自分の成長だけでなく、仕事を通じて社会に貢献することや仕事を楽しむことにも通じます。不動産は、ある人にとっては生活の拠点であり、ある人にとってはお金を生む源泉であり、いずれにしても人生の満足度に深く関わります。不動産営業の仕事を通じて顧客である物件オーナーや物件の借り手、買い手に満足してもらうことは、彼らの人生を支援するという点で社会的意義がありますし、だからこそ、不備なく契約をまとめたときには、不動産営業は顧客に感謝され、喜んでくれた顧客がリピートしてくれるようになります。

また、顧客に感謝されれば働き手としての楽しさも実感します。それがこの仕事を選んでよかったと思う要因にもなります。楽しければさらなる知識の習得にも力が入りますし、その結果、さらに質が高い仕事ができるようになり、顧客に感謝される機会がさらに増えていきます。ここでも良いスパイラルが生まれるわけです。

現状として、不動産営業を選んでよかったと実感できている人がどのくらいいるかは分かりません。おそらく少ないと思います。私が過去の経験を踏まえていえることは、その原因は顧客に感謝される仕事ができていないためです。または、そのための知識や経験が身につきにくい職場で仕事をしているからです。例えば、営業をこき使い、チラシやティッシュ配りばかりさせる会社で働いても不動産営業に求められる知識や経験は身につきません。そういう働き方をしている人、またそういう会社が多いことが不動産営業を選んでよかったと実感できない一つの原因になっているのです。

そこが変われば仕事の質が変わり、顧客の評価も変わります。つまり、不動産営業を社会的意義のある仕事としていくためには、営業を貴重な労働力ととらえ、彼ら、彼女たちが成長しやすく、活躍しやすい環境を整えている会社を選ぶことが大事なのです。

中長期的に女性の活躍推進が進んでいく社会では、そのような環境を用意できない会社はブラック企業に認定され、働き手が集まらずに淘汰されていくはずです。そのような会社に勤め続ける人も、自分の成長も顧客の感謝も実感できないまま、勤め先の業績悪化の巻き添えになります。

女性目線で見ると、不動産業界の実態として、女性が働きづらく感じる会社はいくつもあります。気合いと根性だけで業績を上げようとする業界特性も残っています。

しかし、コンプライアンス重視と女性の社会進出が加速していくなかで、威圧的な営業マンの時代が終幕に向かっているのも事実です。実際、大手の不動産会社や都市部の不動産会社などでは女性が働きやすい制度を拡充したり、女性をリーダー職に据えたりして環境を改善し、女性の獲得に力を入れ始めています。優秀な経営者がいる企業は、女性の営業を採用し、女性に活躍してもらうことが企業の生命線だと分かっているのです。

重要なのは、今がまさに不動産業界の転換点であるととらえて、環境が改善に向かっていく変化にいち早く目を向けることです。不動産業界や営業職に躊躇して様子見している人たちから半歩リードして不動産営業の世界に飛び込めば、女性が活躍しやすくなる環境改善の変化を追い風にしながら、一足先に知識と経験を増やしていくことができます。

この追い風は、そもそも女性比率が高い業界や、女性の採用と登用が先行している業界、男女差なく働ける環境が整っている業界では吹かない風です。不動産業界のように男性優位で、これから女性活躍の社会に適応しようとしていく業界だからこそ変化の風が吹きますし、その風を味方にして、ほかの業界で働く女性よりも、稼ぎ、成長し、社会に貢献し、楽しむことができるのです。

管理はオーナーの利益を最大化する仕事

不動産営業の仕事は管理業務と仲介業務の二つに分けることができます。仲介には賃貸物件の仲介と売買物件の仲介があります。

管理業務は物件オーナーから委託された管理全般を行う業務で、仕事内容は物件の清掃、設備の点検、メンテナンス、入居者からのクレーム対応、入退去の手続き、リフォーム手配など多岐にわたります。入居者募集のための宣伝や、更新時の手続き、退去した部屋の改修などを任されることもあります。

また、周辺の相場をリサーチして家賃設定のアドバイスを行ったり、物件価値と家賃の値上げなどを目的に設備の改修や修繕工事を提案したりすることも管理業務に含まれます。営業としては、物件をきれいな状態に保つことも重要ですが、それ以上にオーナーにどれだけ利益をもたらせるかが重視されます。利益をもたらす提案ができる営業はオーナーに重宝され、手腕が評価されることによって新規顧客も獲得しやすくなります。

管理手数料は会社ごとに設定している価格、地域や物件による差、オーナーとの相談によりますが、一般的にはオーナーが受け取る家賃の5％ほどが目安です。例えば、家賃が月10万円の物件なら5％

に相当する5000円が管理手数料として売上になり、管理戸数が多いほど売上も増えます。

これが会社の売上高で、営業はその一部を収入として受け取ることになります。オーナーに利益をもたらすという点では、物件価値を高めて家賃が上がればオーナーの収入が増えますし、同時に、家賃の5％で計算する管理業務の手数料も増えます。

ただ、一物件あたりの管理手数料は少額ですから、数多くの物件を抱える会社を除けば管理業務だけではまとまった収入にはなりません。そのため、管理業務のみで営業している不動産会社は少なく、ほとんどの場合、管理業務とともに管理する物件の仲介、つまり、入居者探し（客付け）の業務も引き受けて、賃貸契約の成立時に発生する仲介手数料と管理手数料を得ています。

仲介業務は元付けと客付けがある

仲介業務は、賃貸の仲介と売買の仲介があります。また、賃貸も売買も、仲介業務を行う不動産会社には、オーナーからの依頼を受けて入居者を探す「元付け業者」と、借主の依頼を受けて物件を探す「客付け業者」があります。

元付け業者は、オーナーと密にコミュニケーションを取りながら、賃貸物件の場合は家賃設定を手伝い、オーナーの所有物件を自社物件として管理します。売買物件の場合も同様に売却価格の設定を手伝います。

賃貸物件を例に挙げると、管理業務と仲介業務を両方行っているのがこのタイプの会社です。オーナーと連絡を取り合ったり、管理業務を任されている物件を見に行ったり、新たなオーナーを探す営業をしたりすることが多いため、近隣の物件を中心に扱う地場の不動産会社が多いのが特徴です。

元付け業者はオーナーとのやり取りが中心となるため、営業の立場から見ると、利益向上の提案ができるといった能力面はもちろん、性格や人間性の面でオーナーに気に入られることが重要です。ここは女性が優位な点といえます。

客付け業者は、賃貸物件なら入居者、売買物件なら買い手を対象とする営業を行います。そのため、広範囲で空き物件や売り物件の情報をもち、物件の案内や紹介を行います。また、物件のオーナーとは接点がないため、入居希望者や購入希望者が現れた場合は、その物件を管理している元付け業者と連絡を取り、物件情報、周囲の環境の情報、その他の入居者状況などを確認します。

客付け業者が紹介する物件の多くは自社物件ではありません。物件探しをする人は、賃貸や売買物件の情報サイトを見たり、街中の不動産会社を訪れたりして客付け業者に物件探しを依頼します。このタイプの営業を「カウンターセールス」といいます。店頭のカウンターで接客しながら希望に合う物件を探す営業という意味で、入居希望者や購入希望者の要望を聞き出すヒアリング力やコミュニケーション能力、物件の案内や説明を丁寧に行うスキルが求められます。

賃貸の場合は初めて一人暮らしする人や女性の一人暮らしなどに安心感を与える営業も重要です。一概にはいえませんが、これらの点は女性の素質を発揮しやすいところです。

賃貸物件の仲介の収入形態を見てみると、まず元付け業者は、賃貸物件を自社物件として預かって管理している場合、オーナーから管理業務の手数料を受け取ります。また、自社で入居者を探し、契約に至った場合は客付けの手数料として入居者から仲介手数料を受け取ります。客付け業者は自社物件ではない物件を紹介しますので管理業務の手数料はなく、入居者から仲介手数料を受け取ります。

手数料の上限は宅建業法によって家賃の1カ月分と消費税が上限と定められています。例えば、10万円の賃貸物件を契約した場合は、消費税10%分を加えた11万円が上限で、安くする分には下限はありません。また、オーナーと入居者それぞれから手数料を受け取る場合も上限は合計で家賃1カ月分と消費税です。オーナーと入居者の負担割合は自由に決めることができ、オーナーと入居者それぞれから0・5カ月分ずつ受け取ってもよいですし、オーナーから1カ月分受け取り、入居者の手数料負担をゼロにすることもできます。

売買物件は高度な知識が求められる

売買物件の仲介は、元付け業者が物件を売りたいオーナーと買いたいオーナーのマッチングを行い、客付け業者は物件を買いたい人に物件を紹介し、販売します。

賃貸と異なるのは、まず取り扱う物件の種類が多いことです。賃貸物件の仲介は、そのほとんどが居住用か企業向けのテナントです。一方、売買物件の仲介は居住用やオフィス用物件を扱うほかに、土地のみの場合もありますし、商業ビル、工場、倉庫といった事業用途の物件も扱います。山や畑の売買を扱うこともあります。

そのため、賃貸と比べて幅広い知識が求められます。例えば、畑の売買は農地法の知識が必要ですし、住宅の売買でも、相続した住宅の場合には相続法に基づく税務や財産分与の知識などが必要です。また、賃貸物件の仲介との比較では、売買物件の仲介は金融商品を扱う点も大きな違いです。居住用の住宅を買う人の８割は住宅ローンを組みますし、事業用のビルなどを買う会社は融資を受けます。火災保険にも加入します。そのための支援として銀行などの金融機関とのつなぎ役を果たすのも売買を仲介する営業の役目ですし、そもそもローンや融資についての基礎知識がないと取引を円滑に進めることができません。住宅ローンについては国の減税制度もあるため、税制について勉強する必要もありますし、税制は細かく改定されるため、常に最新の内容を知っておくことも求められます。

各種法律や税制をすべて把握しておく必要はありませんが、分かっていれば売り手と買い手からの信頼は高くなります。全部を把握できない場合、税制は税理士、相続は弁護士といったように、専門家と連携して取引を円滑に進めることもできます。

このような違いから、売買の仲介は賃貸よりも高度な知識と豊富な経験が求められます。そのため、自身の成長につながりやすく、成長した分だけ取引件数も増えやすくなり、歩合制によって報酬も増えます。

売買物件の仲介手数料を見ると、その上限も宅建業法で定められており、売買した物件の価格（税抜）によって変わります。計算式は次の3通りです。

物件価格200万円以下　取引物件価格（税抜）×5％＋消費税
物件価格200万円～400万円以下　取引物件価格（税抜）×4％＋2万円＋消費税
物件価格400万円超　取引物件価格（税抜）×3％＋6万円＋消費税

オーナーに覚えてもらいやすく声が掛かりやすい

女性が不動産営業で輝ける理由はいくつもありますが、男性営業員との違いという点で見ると大きな理由は3つあります。

まずは男社会で情熱的営業マンが多い業界では、女性営業員は希少な存在で、オーナーに覚えてもらいやすいことです。

売買を例にすると、売買の営業は売り物件を仕入れるために、土地持ちのオーナーを訪問して売りたい物件がないか聞いたり、高く売れそうな土地の持ち主を調べて、売却の意向や予定があるかどうか聞きに行ったりします。

この際、男性営業員の多くはオーナーをしつこく訪ねます。売却を任せてもらえれば、それが自分の手数料収入になるわけですから、必死で「売らせてください」「うちに任せてください」と提案するわけです。

また、売れる物件をもっているオーナーのところには他社の営業も近づいてきます。しかし、不動産には相場価格があるため、3000万円の物件が1億円で売れることはありません。そのため、どの会社の提案も似たような金額になり、そこで競争が生まれます。これという決め手がないため、気合いと根性ありきのしつこい営業になっていくのです。

オーナーからすると、各社の営業がもって来る売却提案は多少の数字の違いはあっても似たようなものに見えます。オーナーは威圧的営業マンを見飽きるくらいに見ることになり、次から次へとやって来る営業に嫌気がさしますし、辟易します。

そのような状態で女性の営業が来ると、掃き溜めに鶴とまではいかないまでも、オーナーは新鮮な気持ちになります。リフォームやリノベーションなどが必要な場合には、女性ならではの視点で新しい提案をしてくれそうだという期待が高くなりますし、もっと率直にいえば、オーナーの多くは男性ですので、心理的にも感情的にも、威圧的な男性よりも優秀な女性と一緒に取引を続けていきたいと考えます。

このような違いから、女性営業員は男性営業員と比べてオーナーに優遇されやすく、しつこく訪問しなくてもオーナーに覚えてもらえます。

覚えてもらったからといってすぐに契約に至るとは限りません。ただ、覚えてもらえればオーナーが売りたくなったときに声が掛かります。例えば、相続を考えるにあたって生前贈与について相談したい、終活で土地を処分したい、引っ越したり施設に入ったりするタイミングで家を売却したいといったとき、オーナーの頭のなかに女性営業員の顔が浮かび、相談の連絡が来るわけです。私の会社の場合も、女性営業員が訪問してから2、3年後にふとオーナーから相談の連絡が来ることがあります。

何社か連絡できる不動産会社があるなかで、なぜ私の会社に連絡したのかと聞くと、ほとんどのオーナーが営業員の顔を覚えていたからだと言います。

「いろいろな人が営業に来たけど、男性営業員はみんな同じに見えるから誰が誰だか覚えていない。彼らの名刺は捨ててしまったが、女性営業員は珍しいので名刺を残してあった」と言うオーナーもいました。

売り物件を任せてもらうためには、連絡してもらう必要があります。連絡してもらうためには覚えてもらわなければなりません。男性営業員は、オーナーに覚えてもらうため、気に入ってもらうために何度も訪問し、そのせいでオーナーが不快に感じることがありますが、女性は数回の訪問で覚えてもらえるため、他社の営業と訪問回数を競うような無駄なことをする必要がなく、しつこい営業という印象を与えることもなく、オーナーと良好な関係を築きやすいのです。

知識をもてばさらに輝く

もちろん、女性であるというだけで必ずしも好感をもたれるとは限りません。オーナーのなかには、女性は不安だとか、男性の営業のほうが信頼できると考えている人もいます。オーナーにはいろいろなタイプの人がいて、そのなかには偏屈な人やプライドが高い人もいます。

このタイプのオーナーは女性営業員にとって対応が難しい相手のように見えるかもしれません。しかし、不動産に関する十分な知識があれば、女性であることが有利になります。

一つ実例を挙げると、地域の土地持ちで、気難しいオーナーがいました。売却を任せてもらおうと大手不動産会社や地場の会社の営業が訪問しますが、門前払いされることも多く、なかなか話を聞いてくれません。

そういうタイプの人であることを承知のうえで、私の会社の女性営業員が飛び込み営業に行ったところ、意外なことにすんなりと家に入れてくれました。

当初、オーナーは女性営業員に対してそれほど期待していなかったはずです。しかし、私の会社の女性営業員は不動産について幅広く勉強していますので、知識の面では大手の男性営業員に負けていませんし、彼らよりも優秀だと私は思っています。オーナーも話をしているうちにそう感じたようで、手持ちの物件の一つを任せてもらうことになりました。

ここまではよくある話です。女性営業員という珍しさがきっかけになり、気難しいオーナーの興味を引いて評価につなげたり、お試しで売り物件を担当させてもらったりするケースはよくあります。重要なのはその先です。

物件を任された女性営業員は3日で買主を見つけ、1週間で決済までやってのけました。そのことに驚いたオーナーはすっかり気を良くして、彼女にほかの物件も任せてくれることになったのです。

これが何を意味しているかというと、女性に対するネガティブな先入観は、知識があること、きちんと仕事ができると証明することによって一気にプラス評価に変わるということです。

このタイプのオーナーは、女性にはどうせ何もできないだろうと思っているので、きちんと話ができるとそれだけで評価が上がります。逆に、男性営業員についてはなんでも知っていて当たり前と思っているため、少しでも知らないことがあるとたちまち評価が下がります。

宅建士としての知識と経験をしっかり身につけていることが大前提ですが、女性は意外性という点から男性営業員にはできない方法でオーナーと信頼関係を築くことができるのです。

役所の対応が良く、仕事が効率良く進む

売買の仲介の場合、女性である希少価値は物件調査の際にも発揮されます。売買仲介では、法務局で登記簿謄本や公図を取得したり、所有権者を確認したり、都道府県や市町村の役所で建築方法やリフォームの制限などについて調べたりする必要があります。具体的には、上下水道やガス管などがきちんとつながっているか、廃棄物や使っていない浄化槽など余計なものが埋まっていないかといった

点に注意しながら、役所を中心に公式なデータを調べます。この手続きを軽んじると、売却時になって売主の兄弟が現れて「売らない」と言い出したり、売却後に浄化槽など想定外のものが埋まっていることが発覚し、その処理に追加コストが掛かったりするといったトラブルになるのです。

それを防ぐために売買営業は役所の建築指導課や道路課などを訪れて細かく情報を集める必要があります。こうした部署もまだまだ男性の比率が比較的高いのが現状です。不動産営業は男性が多いですし、これらの課には建築や土木の業者が調べもので訪れることが多く、この業界の営業や作業者もほとんどが男性です。

役所の担当者から見ると、日々同じような相手に同じような話を繰り返していれば、誰だって飽きますし、モチベーションを上げて仕事をしようというほうが無理なのです。

そのようなときに女性が来ると役所の担当者は新鮮に感じます。説明する内容や提供する資料などは同じでも、相手が違うだけでやる気を出してくれます。

役所の人は、基本的には聞かれたことだけ答え、申請された書類だけを提供するスタンスです。「ここまでしか聞かれていないので、ここまでのことしか話さない」という論理で動いています。しかし、女性が丁寧に優しく尋ねると一つひとつ丁寧に答えてくれますし、スピーディーに対応してくれます。さらにこの配管も調べたほうがいいかもしれないとアドバイスをくれたり、隣接地の資料も用意するなど頼んでいないことにまで対応してくれたりすることもあります。

私が役所に行っても、このような対応をされることはまずありません。しかし、女性営業員に行ってもらうと対応が変わります。担当者が2、3人で相談に乗ってくれることもありますし、普段はフロアの奥のほうに座っている役職者の人が、何か手伝おうかと出てきたこともありました。また、情熱的営業マンや作業服のおじさんたちのなかには役所の担当者に食って掛かる人がいます。その口調も乱暴なため、役所の担当者としても嫌だなと感じます。

一方、女性でそのような文句を言う人はあまりいません。それが役所の担当者も分かっていますから、丁寧に接してくれます。また、年配の男性が上から目線の高圧的な態度で接するのに対して、女性は人当たりが良く、気遣いができることが多いです。「お疲れさまです」「大変ですね」「うちの用事はすぐ終わりますので」「お手数掛けてすみません」「ありがとうございます」などといった一言によって、担当者が癒され、頑張ってくれて、その結果として必要以上の情報がもらえたり、役所調査が短時間で効率良く終わったりするのです。

細かな気配りができる

女性が不動産営業で活かせる二つ目の特徴は、男性と比べて細かいことです。細かさは、丁寧さ、緻密さ、マメさ、几帳面さなどと言い換えることもできます。

例えば、生命保険に加入していると、外交員の女性から年賀状や暑中見舞いなどが届き、マメだなあと感じることがあります。不動産業界でも、女性営業員の多くが訪問したオーナーにお礼状を出したり季節の挨拶のハガキを出したりしています。これがのちのちに売却相談を受けるきっかけになることがあります。会社の資料や売却に関する提案書などはだいたい捨てられますが、自筆の手紙やハガキなどは捨てづらいものです。高齢のオーナーは特に年賀状や暑中見舞いなどを取っておくことが多く、そろそろ売ろうかと考えたタイミングで、女性営業員の存在を思い出す可能性が高くなるのです。

また、不動産業界は紙の資料を多用するアナログな業界ですので、物件情報に関する資料もほとんど紙で作り、紙を使って説明します。

問題は、役所などから集めてくる資料のサイズがバラバラなことで、A3・A4とB4・B5が混在していたり、図面についても縦長の図面と横長の図面があったりします。一式の資料としてまとめるのに手間が掛かるため、雑な営業員は資料を全部ホチキスで止めます。その結果、ページをめくるたびにファイルを縦横に動かす読みづらい資料が出来上がり、さらに雑な営業員は、読みづらい資料を使って説明することを面倒に感じ、「あとで読んでおいてください」と渡し、終わりにしているケースもあります。当然、これは宅建業法違反となりトラブルのもとになります。物件や契約内容に不備や不満があったときに、説明を受けていないと不満をぶつけられることになり、最悪訴訟に発展するケースもあります。

一方、マメな女性営業員はどうしているかというと、図面などの資料を一枚一枚切り離し、クリアファイルに入れるなどして見やすい資料を作ります。オーナーが見て分かりやすいように、重要な書類に見出しを入れたり、確認してほしい場所に蛍光マーカーを塗ったりといった工夫をして、説明不足だと責められるトラブルを未然に防いでいます。

また、説明も丁寧です。オーナーのなかには、不動産を事業として行っているプロやセミプロもいますが、ほとんどの人は知識の面で素人に近く、不動産関連の法律などにも詳しくありません。そのことを踏まえて、マメな女性営業員は写真で見せたり、難しい法律の説明に時間を掛けたりしています。

そのような工夫をしているため、ほとんどトラブルが起きません。私の経験上、売買契約のトラブルで裁判所に呼び出されるのはほぼ男性で、女性は見たことありません。

男性にはない鋭い観察力を発揮

細かさは、細かな点や変化に気づく観察力にも通じます。日常生活では、例えば、髪を切ったり靴やバッグを新調したりしたことに気づくのは女性が多いです。これもオーナーとの付き合いのなかでは重要なポイントの一つです。

私の会社の女性営業員を例にすると、大手企業の元役員で、現在は現役を引退しているオーナーからマンションの一室の売却を任されたことがありました。私はその物件を売ればいいと思っていたので、同行した女性営業員とオーナーの自宅に行き、売却の条件などを聞きました。その帰り道、女性営業員はこのほかにも物件がありそうだと言いました。売却依頼を受けたマンションのほかにも任せてもらえる物件があるはずだということです。

そう思った理由を聞いて、彼女の観察力の高さに感心しました。彼女が言うには、まずオーナーは大手企業の元役員であるため、貯蓄と退職金が多く、株などの投資資産や不動産を持っている可能性があります。そこまではほとんどの営業が考えますが、彼女は打ち合わせ中に部屋の中を観察し、高そうな絵と夫婦で最近海外旅行をしたときの写真が飾ってあることに注目しました。また、オーナーの奥さんが出してくれたコーヒーが高級品で、カップもブランド品であることに気づきます。そのような情報を総合的に考えて、年金のみの暮らしではなく、別の収入源があるはずだと推察します。そして「ほかにも物件がある」という判断をしたというわけです。

これが見事に当たりでした。その後の打ち合わせでそれとなくほかの物件があるかどうか聞いてみたところ、投資用で買っている物件などがあることが分かり、その売却についても私の会社に任せてもらえることになったのです。

男性営業員でも感度が高い人は彼女と同じように調度品などに注目し、ほかにも物件があることに気づいたかもしれません。ただ、実際にはほとんどの人は気づくことができません。コーヒーがおいしかった、海外旅行が好きな夫婦なのだなとは思っても、そこから資産の余裕を類推して、さらなるビジネスにつなげる余地があると考える人は少ないと思うのです。

その差が生まれる原因としては、やはり男性と女性の違いにあります。男性営業員は任せてもらえる物件があればそこに集中します。気を抜けば他社に取られてしまいますから、どうすれば早く売れるか考えます。同時に仲介手数料の計算や、今月の収入額やノルマの達成のことなどで頭がいっぱいになってしまいます。男性営業員はレッドオーシャンで競争相手が多いため、生存本能として案件獲得や勝ち負けに偏った思考になりやすいのです。

一方の女性は不動産営業のなかではブルーオーシャンです。男性営業員のように気合いと根性の営業をしなくてもオーナーに覚えてもらえますし、声も掛かります。その状況が心理的な余裕を生み出し、余裕があるから視野も広がり、男性営業員には気づきづらい細かな点まで観察することができるのです。

また、男女の差なのか、そもそもの着眼点も違います。例えば、オーナー宅を訪れた際に、孫がいると気づくのはだいたい女性です。部屋に無造作に置かれている子ども用のポシェットなどを見て孫がしばしば訪れていることを察知し、可愛がっている様子に想像を巡らせることができます。

　これは母性があるからできることで、子育て経験がある女性営業員なら、子育てを共通言語としてオーナーの奥さんなどとコミュニケーションを深めることもできます。また、売り物件を扱ううえで家族の情報は非常に大事です。オーナーが物件を売りたいと思っていても、子どもが売却に反対するケースがあります。相続の場合は相続する権利をもつ子どもたちから物件売却の合意をもらう必要もあります。そのようなトラブルのたねをあらかじめ把握するためにも、任された物件だけに集中する「木を見て森を見ず」の観察力では足りず、余裕をもって細かな情報を収集、分析できる力が重要なのです。

会話で重要な情報を聞き出せる

　女性が不動産営業で輝ける三つ目の理由は、会話がうまいことです。もちろん個人差はあります。男性で話が上手な人もいますし、女性で口下手な人もいますが、一般的に女性のほうが口が立ちます。

　また、不動産営業のコミュニケーションという点から見ると、自分のことをペラペラしゃべれば良いわけではありません。相手の要望や資産状況などを正確に、かつできるだけ多く聞き出す必要があります。その点で、重要なのはおしゃべりがうまいことではなく会話がうまいかどうかで、女性は会話のキャッチボールが上手な人が多いのです。

特にサービス業や夜のお店で働いた経験がある人は、話がうまく聞くのも上手です。夜のお店で飲んだことがある人なら分かることだと思いますが、隣に女性がつき、他愛のない会話をしながら飲んでいると、ものの30分もすると自分の個人情報が全部聞き出されています。どのあたりに住んでいるか、どんな仕事をしているか、休日はいつで、何をしているか、どんな趣味があり、家族構成はどうなっているかといったことを、知らず知らずのうちに話してしまっています。そのような情報を基にして、彼女たちは常連になってくれる可能性などを判断し、休日前の夜にメールを送ったり、「来月誕生日なので遊びに来てください」と連絡したりしているわけです。

私の会社の女性営業員にも、過去に夜のお店で働いていた人がいます。彼女も会話がうまく、情報を聞き出す能力も高く、その力を発揮して年収1000万円を超える収入を得ています。

これは男性営業員にはなかなかできないことです。オーナー相手のコミュニケーションを例にすると、情熱的営業マンの多くは、自分に任せてくれれば売れるとか、買い手候補がたくさんいるといった自分の話をごり押しする傾向があります。彼らの会話は、常に主語が自分なのです。売却を任せてもらうために、そういう強引さが必要なときもあります。しかし、ほとんどの場合、主語を相手にして、きちんと話を聞き、要望を聞き、親身になって対応する人のほうが、オーナーに信頼されやすく、売却を任せてもらえる可能性も高くなるのです。

また、観察力の高さとも共通しますが、会話がうまい人はオーナーの情報をたくさん引き出すことができるので、家族構成も把握しやすくなります。子どもは何人か、親子関係は良いか、物件を売ることに反対している相続人はいるかといったことが分かり、それが売却時のトラブルを未然に防ぐことにつながります。例えば、オーナーのなかには離婚している人がいますし、再婚している人もいます。そのような場合、子どもと疎遠になっていたとしても不動産を相続する権利が発生します。また、親から相続した物件を売却する場合も、オーナーに兄弟姉妹がいる場合、彼ら彼女らにハンコをもらわないと売却できないケースがあります。

物件の売却を円滑に行うためには、そのような情報をいち早く知ることが重要で、そのための最も有効な手段が会話です。会話が上手な営業は、日常会話を通じてオーナーの家系図が書けるくらいの情報を聞き出します。親子、兄弟姉妹の話を聞き出しながら、「この人はあとで面倒な存在になりそうだ」「この人は売却に反対する可能性がある」「この人を説得できるのはこの人だろう」といった戦略を考えることができます。実際にハンコをもらったり、説得したりするのは別の人が担当するかもしれませんが、そもそも物件に関わる人の家系図が書けなければ対応できません。その点でも不動産営業で会話がうまい人は重宝されますし、女性は男性と比べて話しやすいため、オーナーが味方と感じやすく、必要な情報をいろいろと話してくれることが多いのです。

清潔感があるから話を聞いてもらえる

オーナーとの会話がうまく噛み合う理由として、女性営業員のほうが男性営業員よりも安心感があるという点が考えられます。安心感があるから重要な情報も話してくれますし、一歩踏み込んで話を聞く場合も、警戒心をもたれずにコミュニケーションが取れるということです。

これは見た目の問題でもありますが、男性数人が「物件を売りませんか?」と尋ねてきたら、ほとんどの人が警戒するでしょうし、「安く買い叩かれるのではないか……?」「ひょっとして詐欺ではないか……?」と疑う人もいるだろうと思います。

その点、女性は安心感があります。もちろん、世の中には悪い女性もいますが、対面したとき、会話したときの第一印象や心理的負担という点で、女性は相手に受け入れられやすく、余計な警戒心を生まないという利点があるのです。

心理学の権威カリフォルニア大学ロサンゼルス校のアルバート・メラビアン教授によって発表された「メラビアンの法則」によれば、人の第一印象は出会って3~5秒の間に決まるといわれます。また、第一印象に最も影響するのは見た目で、話す内容の8倍もの影響力をもっています。つまり、不動産の知識、提案内容、説明の仕方の良し悪しといったことも大事ではありますが、いくら営業トークに長けていたとしても、見た目の第一印象が悪ければ話は聞いてもらえず、伝わりません。この点で女性営業員は優位性があり、スタートの時点で得をしているわけです。

見た目に関する細かな点では、まず顧客（オーナー、借り手、買い手）に嫌われやすいのは清潔感がない人です。これは営業に限らず飲食業や接客業も同じで、髪がボサボサ、髭が伸びている、爪が長い、服がよれよれ、靴が汚いといったことで第一印象は確実に下がります。

男性営業員では、たまにこのタイプの人がいます。見るからにだらしなさそうで、成績が良い人を私は見たことがありません。その点、女性はたいてい身なりに気を遣っています。男性営業員と比べて見た目の威圧感がないだけでなく、清潔感という点でも顧客に気に入られやすいのです。

また、私の経験則として喫煙者はオーナーに嫌われる傾向があります。自身が吸わない人や家に小さな子どもがいる人は特にタバコの匂いを嫌がり、それがマイナス評価になりますし、家に上げたくないと思います。女性でもタバコを吸う人がいますが、データを見ると男性の喫煙率が3割近いのに対し、女性は数%しかいません。これも女性が気に入られやすい要因の一つです。

安心感という点でもう一つ重要なのは、ごり押ししないことです。これも女性が優位な点です。男性営業員は社内外の営業をライバル視しますので、肉食動物のように成果を上げようとやっきになってごり押ししがちです。レッドオーシャンのなかで生き残るために、彼らは多少強引にでも案件を任せてもらわなければならないのです。

しかし、女性はまず目の前の相手を大事にしようとする傾向が強いため、売って買ってといった話を急ぎませんし、今は売る気がないな、まだ買う気になっていないないなと感じれば引くことができます。元銀行勤めで窓口にいた女性や飲食店で働いていた経験がある女性は、とりわけこの引き際が見事です。銀行はクレームを嫌いますので、相手の顔色をうかがいながら応対をします。夜のお店も同様に、客が強引さを感じて引いてしまったらそのまま来てくれなくなってしまうため、相手と絶妙な距離を取ることに長けています。

彼女たちはその力を発揮し、その気になったときに連絡してくださいと冷静に伝えることができ、その姿勢にオーナーが好感をもちます。相手の心を開いたうえで気持ちよく別れることができるため、オーナーも遠慮なく声を掛けることができ、売買の必要性が発生したタイミングで相談が舞い込んでくるのです。

これは会社の営業方針にも関係します。オーナー相手に物件売却の提案をする際、イケイケの営業会社は目先の成果と利益最優先で営業員たちにハッパを掛けます。しかし、このやり方は肉食獣的な、男性的なやり方であり、必ずしもすべての顧客に受け入れられるものではないと私は考えています。私は女性営業員たちがその特性を活かして顧客の心を開かせ、関係を構築してくれることを第一に考えているので、売却は最後の手段だと教えています。営業テクニックとして売買を迫らないようにしているだけでなく、まずは物件を維持し、有効活用できないかを考えて、どうしてもいらない場合、処分したほうが良いと判断できる場合にのみ、売却提案をするということです。相手のことを思いやって大切にする気持ちを伝える姿勢は母性に通じ、それは顧客にもよく伝わるのです。このことを理解している彼女たちは無理に売却を迫ることがないため、オーナーからの好感度が上がり、信頼されやすくなるのです。

ちなみに、売る気や買う気を感じ取る力も女性のほうが優れていると感じます。これは「女の勘」や第六感などともいわれる感覚で、嘘がバレたり、隠しごとがバレて困った経験をもつ男性も多いと思います。一説には、女性は男性の4倍の観察力があるといわれます。幅広く情報を収集しながら、相手の考えを察したり、気持ちの変化を読んだりすることができるのです。

女性は女性顧客に信頼されやすい

安心感という点で、特に女性営業員が受け入れてもらいやすいのが女性の借り手です。賃貸の場合、女性の借り手は女性に案内してほしいと思っている人が多いといえます。セキュリティ、水回りの使いやすさ、近所の買い物の利便性など、女性の借り手が気になる点は女性営業員のほうが相談しやすいと感じるのです。売買を検討する人のなかにも一定数女性がいます。例えば、夫が他界して一人暮らしになり、今まで住んでいた家が広過ぎるので売却したい、または、一人暮らしにちょうどいい物件を探しているといったケースや、親から相続した土地や離婚の財産分与で譲り受けた不動産を売却したい、といったケースです。

彼女たちのほとんどは威圧感ある男性営業員を嫌います。不動産会社によっては複数の男性営業員で売却や購入の提案に行くことがありますが、このタイプの営業には特に警戒しますので、どんな提案をもって行ってもきちんと聞きません。

一方、女性営業員はそのような威圧感がないので、一人暮らしの女性とも気軽に雑談を通して仲良くなれます。複数で訪れても警戒されにくく、むしろ会話が盛り上がることもありますし、会話が盛り上がることで売買の要望も聞き出しやすくなります。すぐに売買が成立するとは限りませんし、しかし、重要なのは信頼され、仲良くなることです。その点で女性は有利なのです。

また、物件購入を検討している人には、女性営業員の女性目線が響くこともあります。例を挙げると、私が担当していた購入希望者で、なかなか物件が決まらない夫婦がいました。価格的にも立地や間取りといったその他の条件面でも希望どおりの物件を紹介するのですが、先方にとってはどれも一長一短で契約に至りません。そこで女性営業員に私の代わりに行ってもらいました。すると、あっという間に決まったのです。

私と彼女の何が違ったかというと、物件選びの目線です。私は夫婦のうち夫のほうが購入判断の主導権をもっていると考えて、間取りや価格を重視して物件を紹介していました。一方、女性営業員は水回りの設備を重視して物件を選びました。中古でも水回りがきれいであること、バスルームがリフォーム済みであることをアピールしたり、食洗機はあったほうが便利だといった何気ないアドバイスをしながら物件の提案をしたりした結果、奥さんの共感を得ることができ、購入に至ったのです。

夫婦の居住用物件では、奥さんが決定権をもっているケースがあります。主に奥さんが家事や買い物をする場合、掃除や洗濯の動線は良いか、近くにスーパーマーケットがあるか、家の前の道は車を出しやすいかといった点が重要になるのです。これはまさにそのケースで、私を含めて家事などの事情がよく分からない男性より、生活者目線、主婦目線に立った女性営業員の提案のほうが相手に届きやすくなるのです。

さらに、女性は女性に応援される傾向もあります。例えば、私の会社の顧客で投資用としてワンルームマンションを購入した女性は、担当した女性営業員の熱心さや知識豊富な点を高く評価してくれ、今でも良い関係を続けています。この顧客は大手企業を辞めて起業した人で、女性営業員が良い物件を探してきたことや、説明が丁寧で分かりやすかったといった仕事面の成果だけでなく、不動産営業として成長しようとしている彼女の姿に親近感が湧いて応援したくなったのだとあとから聞きました。

これからのライバルは他社の女性営業員

細かく挙げていけば、女性の優位性はほかにもいくつもあります。例えば、掃除、洗濯、料理、子どものお迎えといった家事全般を同時進行でこなしている女性は、仕事においても段取りが良く、現地調査、役所調査、新規営業、追客（契約の見込みがある人に継続的に営業の連絡をすること）といったことを同時にかつ効率良くこなします。

売却の希望価格が高い場合、購入予算が少ない場合などにはそのことを相手に正直に伝える必要がありますが、その際も女性は男性より柔らかく伝えることができるため、角が立たず、相手に嫌な印象も与えません。

そういったことまで含めて、不動産営業は女性が輝ける仕事です。女性である優位性を活かし、さらに資格取得を通じて不動産の知識と経験を蓄積すれば、仕事をして稼ぐ、成長する、誰かの役に立つ、仕事をする楽しみを味わうといったすべてを実現できるプロフェッショナルになれます。

これだけの要素がそろい、それでも他社の営業に負けることがあるとすれば、その理由はライバル会社の営業も女性で、自分より勉強熱心な人だった場合です。または、売り手、買い手に提示する金額で競り負ける場合です。

女性の社会進出が進んでいく時代背景を考えれば、これから不動産営業の女性が増えていくことは容易に想像できます。女性営業員のライバルは女性営業員であり、周りの女性より優れたプロとして活躍していくためには、少しでも早く仕事を始めること、多くを学び、多くを経験できる会社で仕事をすることが重要です。

金額については、不動産は大きなお金が動く業界ですので、いくら対応が良くても負けることはあります。食品や日用品のように10円、１００円の差なら気にしない人もいるでしょうが、不動産は取引する業者によって数十万円から数百万円の差がつくことがあります。売り手も買い手も、１００万円もの差がつくのであれば、営業マンの短所が目に付いてもあえて無視して契約しようと考えることがあるのです。

それでも、女性営業員がもつ多くの美点は強みであり、契約をつかめるチャンスはいくらでもやってきます。そう考えれば、金額で競り負けたとしてもたいしたダメージにはなりません。男性営業員の世界で競い合い、見込み客が3件しかない人が1件取られると大ダメージですが、男性営業員の熾烈な戦いには参加せず、10件も20件も見込み客がつかめる女性営業員にとっては、数ある契約のうちの1つに過ぎず、その点での心理的負担の軽さや収入の安定性も私が不動産営業は女性向きと断言する大きな理由なのです。

第2章

不動産売買営業は、高いインセンティブとキャリアアップを両立できる！

稼ぐ営業は基本給ではなく歩合給を見る

不動産営業は、女性の素質を発揮し、不動産のプロとして能力を磨き続けることでたくさん稼げる仕事です。賃貸も売買も、ほぼすべての営業が個人の売上高や契約件数に応じて歩合給がつく報酬制度ですから、努力するモチベーションになりますし、成果次第で高収入を得ることができます。

また、成績は不動産営業としての成長の証と言い換えられるので、収入を中長期で伸ばしていくことによって不動産営業として、また不動産のプロとしてのキャリアを着々と積み上げていくことができます。

ただし、闇雲に働いても稼げません。稼ぐ営業になるためには、稼ぐためのポイントを理解し、押さえておく必要があるのです。

最初のポイントとして、報酬制度の仕組みと、収入のカギが歩合制であることを理解することが大切です。

不動産営業の報酬は基本給と歩合給の組み合わせです。不動産業界に限りませんが、営業職は歩合がある分だけ基本給が安く設定されているのが特徴で、求人誌などを見ていると都市部でも基本給で月給20万円、地方は月給15万円くらいが相場であるように感じます。しかし、これを少ないと感じて不動産の営業職を避けるとしたら、それは間違った解釈です。

月給15万円、手取り12万円で生活できない状態になるのは、売上や契約が取れなかった場合の話です。営業として学ぶことを学び、顧客（オーナー、借り手、買い手）のニーズを満たせば、契約は取れます。特に女性営業員は男性営業員と比べて仕事が取りやすいわけですから、理屈上は男性営業員と同じだけ努力することで、より多くの報酬を得ることができるのです。

営業としてどれくらい稼げるかは、どこに勤めるか、どこで働くか、誰に教わるか、何を売買するかによって変わりますが、事業用のアパートやマンションの売買、投資用物件や居住用物件の売買を主としている私の会社の女性営業員は、入社してすぐに年収６００万円程度の収入を得ています。年収６００万円は月給50万円、手取り38万円くらいです。また、年収１０００万円以上稼いでいる女性社員も少なくありません。彼女たちはおそらく基本給がいくらか気にしていませんし、基本給とほぼ同額の所得税と住民税を払っています。要するに、不動産営業の仕事さえきちんとできるようになれば、基本給がいくらでも構わないということなのです。

営業職で就職先や転職先を比較するときに基本給で比べる人もいますが、それも意味がありません。基本給が高い会社は安心感がありますが、それは売れなかった場合にいくらもらえるかを表している金額に過ぎないからです。

女性の優位性を活かし、勉強して不動産営業のプロになる人は、最低賃金ではなくどれくらい稼げるかを考えます。たくさん稼ぎたい人にとっては、むしろ基本給が高いのはマイナスです。なぜなら基本給が高いほど歩合給の比率が小さくなっていくため、成果に応じて得られる報酬も少なくなるからです。つまり、重要なのは歩合でどれだけ収入を増やせる余地があるかです。その伸び代に目を向けて、伸び代の分だけ稼ぐために知識と経験を蓄積することが大事なのです。

月給100万円が目標

営業社員の面接をしていると、どれくらい稼げるかという質問をよく受けます。報酬の仕組みは会社や経営者の方針によって異なります。私は、せっかく営業として働くのですから、知識や経験を蓄積し、多くの人に喜んでもらうと同時に、個人としても平均以上の収入を得てほしいと思っていますし、それが実現できる報酬制度にしています。

目安として、私は月給100万円くらいは稼いでほしいと思っています。世の中では、部長の平均年収が1000万円を超えるといわれていますから、それくらいの収入は上げてほしいですし、十分に実現できるとも思っています。この金額の根拠は、私が不動産業界に入り、最初にもらった給料がそれくらいだったからです。具体的にいうと、総支給額が114万円で、手取りが96万円ほどでした。

多いと思うか少ないと思うかは個人差があります。中年男性で家族を養っている人が期待する収入と、若くて経験の浅い単身の女性が期待する収入の金額も違うだろうと思います。

重要なのは、営業職の報酬は成果を上げた分だけ得られるという点です。家庭環境がどうであれ、年齢が若い、経験が浅いといった個人差があっても、稼ぎたいと思って努力する人はきちんと稼げるようになります。他社や他業種でどれだけ経験があっても、営業として成長するための勉強をしない人は稼げません。若さや経験のなさを理由に遠慮ばかりしている人も稼げません。そういう意味で、成果を上げた分だけ稼げるという営業職の報酬制度はとても公平だと思っています。特に女性は仕事を取りやすく、顧客と良い関係性をつくれるアドバンテージがあるわけですから、その強みを活かし、年齢や経験に関係なく、たくさん稼いでほしいと思うのです。

手数料は「片手」と「両手」がある

不動産営業の報酬体系を見てみると、まず不動産営業の収入は賃貸や売買の契約が成立したときに発生する手数料で成り立っています。また、手数料は「片手」と「両手」に分けられます。片手、両手の「手」は人の手のことではなくて手数料の「手」です。

売買を例にすると、片手取引は以下のようなケースです。

売主A：買い手を探してもらうためB不動産に依頼
買主C：良い物件を探すためD不動産に依頼

お互いの条件が合い、売主Aと買主Cの間で売買契約成立

この場合、売主Aの買い手を探したB不動産と、物件を探したD不動産がそれぞれ手数料を受け取ります。B不動産は、売主であるAさんから手数料をもらい、D不動産は物件の買主であるCさんから手数料をもらいます。例えば、4000万円の物件を売買した場合、手数料は「4000万円×3％＋6万円」で計算し、126万円（＋消費税）が不動産会社に入ります。これが片手分の手数料です。

両手取引は、以下のようなケースです。

売主A：買い手を探してもらうためB不動産に依頼
B不動産：買い手となるCを見つけて売買契約を結ぶ

この場合、売主Ａと買主Ｃの仲介をＢ不動産が１社で行っています。Ａさんのために買い手を見つける役割と、Ｂさんのために物件を見つける役割の両方を１社で担っているので、Ｂ不動産はＡさんとＣさんそれぞれから手数料を受け取ります。これが両手の手数料で、４０００万円の物件であれば片手の手数料が１２６万円なので、Ｂ不動産はその金額の２倍にあたる２５２万円の手数料を受け取ることになります。

両手取引は高度な知識が求められる

片手か両手かを問わず、契約に至った場合は営業の成績になります。また、その成績に応じて不動産会社から歩合給を受け取ります。

歩合率は会社によって違いますが、多い会社で手数料収入の20％くらいです。例えば、４０００万円の物件の売却で片手の手数料として１２６万円の売上となった場合、歩合率が20％だった場合には営業は25万円ほどの歩合給を受け取ります。基本給が15万円だとしたら、合計で40万円ほどの給料になるということです（売買手数料の計算式・物件価格４００万円超の場合は、取引物件価格（税抜）×３％＋６万円＋消費税）。

両手取引だった場合は手数料の歩合給が2倍になり、50万円ほどの歩合給と15万円の基本給の合計で65万円ほどの給料になります。片手取引で基本給込み月収65万円の給料を受け取るためには、4000万円の物件を月に2件、契約する必要があるということです。

このことから分かるのは、不動産会社にとっても売買契約を仲介する不動産営業にとっても両手取引のほうが収入が多くなるということです。ただし、両手取引をするためには売主と買主の両方に向けてきちんとしたサービス、サポートを行う必要があります。

売主に対しては、まず売主と良好な関係を築き、買い手探しと物件売却の手配を任せてもらう必要があります。相場動向などを踏まえて価格設定のアドバイスをしたり、売却に向けた広告の手伝いなども行ったりします。一方の買主に対しては、希望条件に合う物件を紹介するほか、購入後の登記の手配、住宅ローンを組むための金融機関との調整、火災保険の手続きなどを行う必要があります。

営業としては、売主、買主の両方をサポートできる知識と経験が必要になります。売主を見つけ、信頼関係を築くオーナー向けの営業と、買主を探し、満足できる物件を紹介する購入者向けの営業を両方行うということです。

継続的に売れるかどうかが重要

４０００万円の物件を月に１、２件契約するならそれほど難しくなさそうだと感じる人もいると思います。実際のところ、それほど難しくはありません。女性は見込み客を増やしやすいため、月に４、５件の契約が取れることもありますし、収益用のアパートやマンション、倉庫、オフィスビルなど売買価格が高い物件を扱っているのであれば、例えば２億円の物件なら片手で６０６万円、両手で１２１２万円の手数料収入になり、営業が受け取る歩合給も歩合率20％だった場合、１２１・２万円、両手なら２４２・４万円に増えます。

ただし、不動産売買は景気などの影響を受けるため、売れないこともあります。現実的に見て億単位の物件が毎月ポンポンと売れることは少なく、３カ月に1件のペースであれば、残りの２カ月は歩合給ゼロで基本給のみになることもあります。

また、似たようなマンションでも都市部と地方では地価が異なるため、取引価格も変わります。東京で８０００万円や1億円で売れている新築の居住用マンションが、私の地元である福岡では５０００万円くらいになり、その価格差は手数料収入と歩合給に影響します。

経営者の側から見ると、不動産業界の一般的な認識としては、賃貸営業では毎月の手数料収入が

100万円以下の人は赤字社員に分類されます。賃貸仲介の手数料は契約した物件の家賃の1・1倍（税込）なので、だいたい総額で100万円分の新規契約を取ること、家賃10万円の物件で換算して月10件くらいの契約が取れるかどうかが分岐点ということです。

手数料収入として100万円の売上があるわけなので、手数料収支の面では赤字ではありません。しかし、賃貸業務には事務所の家賃、広告費、事務員の人件費など販管費が掛かっているため、それら間接部門のコストを引いて、100万円の売上がない人は会社にとって赤字要因になるということです。

売買営業は、毎月の手数料収入で150万円がボーダーラインです。売上に換算すると、1カ月あたりで両手なら5000万円の物件を1件、片手なら2500万円の物件を2件が目安です。

ちなみに、ここでは基本給ありで20％が歩合給となる例で計算していますが、これは不動産会社に営業社員として雇用されて働く人の例です。一方で、不動産営業員は業務委託契約で働く人もいます。この場合の報酬は完全歩合制（フルコミッション制）となっていることが多く、基本給がない代わりに、歩合率が50～70％くらいに高く設定されています。

例えば、4000万円の物件の両手取引の場合、基本給15万円、歩合率20％の社員は50万円ほどの歩合給と15万円の基本給の合計で65万円ほどの給料になります。同じ物件をフルコミッションで契約した場合、歩合率50％なら63万円、歩合率70％なら88万円の収入になります。60～80万円くらいの収入があれば十分と考えるのであれば、毎月コンスタントに4000万円の物件を1件ずつ契約することによって残りの日は自由に過ごすことができます。その自由さを魅力に感じて副業や兼業として業務委託で仕事をする人もいます。ただし、基本給がないため、1件も契約が取れなかった月の収入は0円になります。

成績が悪い男性営業員は転職しかない

不動産営業の報酬は成果と直結している実力勝負の世界ですので、契約が取れなければ報酬は少なくなります。業務委託の場合は0円ですし、不動産会社の社員の場合も基本給だけで暮らしていくのは難しいです。

その状態が続くと、大手企業の場合は社内の別の部署に異動になることもありますが、ほとんどの人は転職することになります。収入が低過ぎて生活できないため、辞めざるを得なくなるわけです。

もちろん、契約が取れない状態が1、2カ月続くくらいなら耐えられます。営業もどうにかしようと努力するでしょうし、会社も赤字社員を抱えたくないので営業にハッパを掛けます。

その一例が、チラシ投函、ティッシュ配り、体の前後に大きな看板をぶら下げて宣伝するサンドイッチマンです。不動産売買のある大手不動産会社の場合、顧客のアポイントが2日取れなければサンドイッチマンをするしかありません。または、物件購入の需要がありそうな地域で３００枚くらいのチラシを投函します。賃貸も似たような状況で、成績が悪ければ店前でティッシュ配りをします。私の会社の近くにもいくつか不動産会社があり、たまに夜遅くまでティッシュ配りをしている営業員を見掛けます。

また、半強制的な休日出勤もしています。今はコンプライアンス重視の時代ですから、営業の成績が悪かったとしてもその分を休日出勤で稼げとは言えません。そこで、「ノルマが残っているね」「明日、休むの？」「成績が伸びていないね」「休んで大丈夫なの？」といった会話をしながら、本人が自主的に休日出勤するように仕向けるわけです。

他業種で働いている人、特にホワイトな環境で働いている人にはイメージしづらいかもしれませんが、かつての不動産営業は休日出勤、残業、仕事のもち帰りが普通でした。私も新人だった頃は、休日返上も残業も厭わず、自宅では資料作りと勉強に勤しんでいました。不動産営業は、高収入と成長を目指して好んで仕事を頑張る人と、成績が振るわずに残業などをせざるを得ない人が混在し、いずれにしてもブラックにかなり近いグレーな環境だったのです。

最近はグレーな環境では社員が集まらないという事情もあって、少しずつ環境が改善されています。ただ、成績が悪ければ長時間労働でどうにかするといった根性論的なやり方は大なり小なり残っています。コンプライアンスに引っ掛からないように「出社しろ」と命じるやり方が「明日、休めるの？」とプレッシャーを変えるやり方に変わった程度で、完全にホワイトな働き方は実現できていないのが現状なのです。

残業などを頑張り、それでも成績が出せなければ辞めるしかありません。近くの不動産会社を観察していると、サンドイッチマンをしている営業員は、1、2カ月は頑張っていますが、3カ月後にはだいたいいなくなっています。石の上にも3年という言葉がありますが、不動産営業はそこまで悠長に構えていられません。契約が取れなければ収入的にも精神的にも3カ月くらいが限界ということです。

ちなみに、ブラックに近いグレーな環境で、成績が悪ければ長時間勤務になり、3カ月で辞めることになるかもしれない仕事ではありますが、私は胸を張って、それでもやるべきだと断言できます。なぜなら女性営業員はその状態に陥る可能性が低いからです。レッドオーシャンの男性営業員は顧客を取り合わなければならず、その戦いに負けた人が転職に追いやられます。一方、女性は女性である優位性を活かし、勉強さえちゃんとしていけば自然と契約が取れるようになります。しつこく営業を掛けたり、ティッシュ配りをしたりする時間を勉強のために使い、最短距離で知識を増やしながら、両手取引ができるプロに成長できるのです。

賃貸営業が稼げなくなる時代

不動産営業としてしっかり稼ぐためには、何を売買するかをきちんと考えなければなりません。単独で営業が成立しづらい管理業務はここではいったん外しますが、賃貸営業をするか売買営業をするかによって、求められる知識や資格などはもちろん、収入、キャリア、将来性なども大きく変わります。

まず将来性という点から見ると、賃貸の仲介はジリ貧で、営業としての能力や特性を発揮できる場が少なくなっていきます。部屋を借りる場合、かつては地域の不動産会社に足を運び、間取り図や賃料などが書かれた物件の資料（マイソクといいます）を見ながら営業と相談するのが普通でした。当時は良い物件を知っているのは営業で、彼らを経由しなければ物件探しができなかったのです。

しかし今はスマートフォンで物件を見て、探す時代です。借り手があらかじめ物件を選んでいるので営業に相談する必要性が低下していますし、見方によっては、営業は物件の案内係をしているだけともいえます。また、テクノロジーの進化と法改正によって、昨今はクラウド契約（オンライン契約）もできるようになりました。動画で内見でき、物件周辺の様子が見られるようになり、契約までオンラインでできるようになれば、営業が現場に同行する必要はなくなります。借り手がショップに行く必要性が下がり、ショップで手続きするにしても宅建士が一人いれば事足りるようになります。営業としては、仕事で差別化するのが難しくなり、能力を発揮できる機会が減ることで収入も伸ばしづらくなるのです。

賃貸の仲介がジリ貧であるもう一つの要因として、人口減少による市場縮小も押さえておかなければなりません。国内には約6400万の住宅があり、そのうちの800万戸以上が空き家です。国内にある家のうち1割以上が空き家という状況は供給過多といえますし、今後も人口は減少していくので、家余りはさらに進行すると考えられます。

空き家のなかには老朽化が激しく、人が住めないような家も含まれますが、貸せる状態の家であっても、オーナーが認知症で賃貸手続きができない家や、所有権をもつ人が複数いて契約できない家もあります。物件そのものを売却すれば、新しい家を建てるなどして借り手がつくかもしれません。しかし、オーナーが認知症の場合、現在の法律では後見人が売却することはできず、オーナーが施設に入り、空き家が処分されずに放置され、やがて誰も住めないような家へと老朽化していきます。

世の中から家を借りる人がいなくなることはほぼ考えられません。しかし、物件探しや賃貸取引を仲介する人は不要になっていきます。どんな職業も収入を伸ばしていくためには市場全体が育っていること、人がＡＩに代替されない役割を果たし続けられることが大切です。賃貸営業はその点で将来性に不安があり、収入を伸ばしていくうえでも中長期でキャリア形成していくうえでも難しい分野といえるのです。

稼ぐなら賃貸よりも売買の仲介

仲介業務の必要性が下がり、人口減少によって市場が縮小していくという点は売買も同じです。ただし、ＡＩによる仲介業務の代替も市場縮小も賃貸よりも遅れて進行します。

仲介業務のニーズについては、買い手が物件探しをする際にポータルサイトなどを使う点は売買も賃貸と同じです。物件価格の査定についても、従来は営業の経験と目利きが重視されてきましたが、今後はＡＩ査定が普及し、その分野で営業の知見が必要とされるケースも減っていくだろうと予想できます。

ただ、実際の契約の場面になると賃貸よりも売買のほうが買い手に説明する項目が多く、内容も複雑であるため、簡単にＡＩ任せにはできません。また、売買する不動産は買い手にとっての資産となりますので、納得感がなければ契約には至りません。賃貸のように、気に入らなかったら引っ越せばいいという割り切りができないのです。

この納得感の醸成もＡＩにはなかなか難しいといえます。この人が勧めるなら大丈夫、あの人から買いたい、などといった納得感につながる感情は人とのコミュニケーションから生まれるもので、その点で売買仲介に人が関わる価値は残りますし、それは言い換えれば、顧客に信頼される人だけが残り、信頼される人のところに相談が集中していくということでもあります。

人口減少に伴う市場規模の縮小は、賃貸同様に売買市場でも進んでいきます。人が減れば住む人が減るわけですので、単身者や離婚して別居する人の数が多少増えたとしても、この先数十年掛けて市場は徐々に縮小していきます。

一方で、業界内の変化を見てみると、売買契約の際に必要となる説明（重要事項説明）に関する規制が厳しくなっています。例えば、売却または賃貸する物件周辺で過去10年間で雨量が多かったのはいつで、何ミリの雨が降ったかといったことも説明する必要があります。実際にきちんと説明されているかというと、私が見る限りでは説明されていません。肌感覚では90％の宅建業者と宅建士が不備のある重要事項説明をしています。説明不足が原因でトラブルが起きた場合などは行政処分の対象となり、宅建業者には、業務停止処分、行政指導、宅建士に対しては指示処分、業務の禁止処分、最も重い処分として免許取消処分となることもあります。

このような環境のなかで、法律や情報をアップデートできていない業者、つまり勉強していない業者、手抜き業者、知識不足の宅建士は淘汰されていくはずです。つまり、市場は緩やかに縮小しますが、そのペースよりも早く競合となる売買営業の数が減っていきますので、正しい勉強さえしていれば縮小市場でも仕事は減りませんし、むしろきちんと説明できない業者が多いなかで光る存在になれるということです。

賃貸の仕事はクレーム対応が多い

次に働き方を見てみると、賃貸も売買も気合いと根性で契約を取る風潮がいまだに残っています。そのことを表している一例として、先日、電車が計画運休し、駅前のコンビニですら営業していないような台風の日があったのですが、そのような状態でも駅前にある大手の全国賃貸チェーンは店舗を開けていました。天候が大荒れの日に賃貸を探す人はいません。休業日にしたほうが電気代も節約できますし従業員も喜びます。しかし、賃貸会社にそのような理屈は通じません。台風が遠い地域では営業している、もしかしたら来店があるかもしれないからという理由で、社員を出社させている現状があるのです。

また、オーナーや借り手と物件の鍵の受け渡しをする約束などがある場合もあります。しかし、それでも担当者一人だけ出勤し、用事が終わったら閉めればいいことです。あるいは、クレーム対応のために出社していた可能性もあります。売却した物件の場合、設備などが故障しても買主の責任です。

一方、賃貸物件は不動産会社が窓口になっています。台風のときは、窓が割れた、水漏れしているといった不具合が発生する可能性があり、その対応のために出社しているということです。

そもそも賃貸は売買と比べてクレームが多いという特徴があります。これはお金や顧客の収入と密接な関係があり、不動産に限らずですが、価格帯が低い商品やサービスほどクレームは増えるのです。賃貸のなかでも、家賃が高価格帯の物件はクレームがあまり発生しませんが、家賃が低価格帯になり、物件のランクと質が落ちるほどクレーム件数は多くなる傾向があります。

もっと率直にいえば、賃貸物件の場合、借主からの連絡はほぼクレームです。隣がうるさい、ゴミ出しのマナーが悪い、建て付けが悪い、心霊現象が起きるなど、あらゆるクレームが来ます。早朝でも夜中でも関係ありませんし、廊下に誰かが吐いたらしいので片付けてほしいとか、不審な人がいるので警察に電話してくださいといった用事を押し付けられ、なんでも屋になっている不動産会社もあります。

また、賃料が下がれば下がるほどクレームの質も悪くなり、家賃2万円の部屋で隣がうるさいと言ってくる人もいます。2万円の物件がそういうものだと分かっていないわけです。契約前の相談でも、博多駅前で3万円の物件を要求してくる人がいます。駐車場でも3万円ほどする環境ですから、そのような物件があるはずもありません。賃貸はそういう人にも丁寧に対応しなければならず、それが嫌で辞める人もいます。

一方、賃貸と比べて大金が動く売買ではよほどのことがない限りクレームは発生しません。投資用や事業用として億単位の物件を買う人から、必要な連絡や急を要するときに連絡を受けることはありますが、理不尽なクレームを言う人はいません。営業側から見ると、クレーム対応に追われることが少ないため、仕事に集中しやすくなります。オーナーを探したり、借り手が満足する物件を探したり、空いた時間で勉強したりできるのです。

また、賃貸営業が借り手に感謝されることはほとんどありませんが、売買営業は感謝されます。居住用物件は「良い家を紹介してくれてありがとう」などと言われ、それがきっかけで友人、知人の紹介につながります。また、次の投資用や事業用物件の相談につながることもあります。

感謝されれば仕事に取り組むモチベーションも高まります。仕事をする目的の一つとして、社会に貢献している実感も得られます。感謝され、エネルギーが湧き、もっと成長するために勉強意欲が増す良いサイクルが生まれるところも、賃貸と売買の大きな違いなのです。

稼ぐ人は稼げる商品を売る

このような背景を考えて、不動産営業をするなら売買営業をするのが良いというのが私の結論です。

そのうえで、次に考えたいのがどんな物件を売買するかです。

売買の営業は、新築の居住用物件だけを扱う営業、中古物件も扱う営業、その他、投資用や事業用のアパートなどを扱う営業、倉庫などまで幅広く扱う営業があります。

稼ぐという観点から見ると、まずアパートやマンションの一室（区分といいます）を売買する営業はお勧めしません。特に中古マンションは単価が安く、現地調査、役所調査、書類の準備といった手間を考えると割に合わず、しかも、物件にトラブルがあった場合には売主の立場としてその責任も取らなければなりません。

例えば、私は過去に扱ったことがある物件で、築30年以上経っている区分マンションの一室を2００万円で売ったことがありました。若い人は知らないかもしれませんが、80年代に流行った電気温水器がついた区分マンションです。電気温水器は、電気代が安い深夜にお湯を2００リットルくらい沸かし、貯めておくものです。

この物件を売っても、手数料は10万円しか得られません。電気温水器が壊れるとお湯が出なくなりますし、その修理が可能であれば交換となりますが、交換代・撤去代だけで40万円ほど掛かります。

中古の区分マンションでは、たまにこのようなはずれ物件があります。私がこの売買を扱ったのは、オーナーが複数の物件を所有し、まとめて売却を任された物件のなかにこの区分マンションがあったからで、この区分マンションだけを売ってほしいと言われたら断っていました。

ただし、中古のアパートやマンションでも、区分マンションではなく一棟であれば話は別です。一棟ものは多少古かったとしても単価が高いため、まとまった額の手数料収入が受け取れます。1億円の物件なら片手で306万円（税抜）、両手で612万円（税抜）になり、歩合率が20％なら両手取引で61・2万円です。年収600万円くらいを目指すのであれば、2〜3カ月に1つ契約できれば良いということです。

売買営業で継続的、かつ安定的に給料を得ている人は、一棟ものを中心に扱っているケースが多いといえます。商談中の案件を貯金のように抱え、同時進行させ、今月はこの1億円の物件を契約、再来月はあの1億円の物件を契約、というように数カ月先を見据えながら仕事をすることが、売買営業で稼ぎ続ける成功パターンの一つです。

中古物件の売買は難易度が高い

新築物件と中古物件の比較では、中古物件のほうが営業の難易度が高くなります。なぜなら、新築物件の設備などは基本的に壊れにくく、不具合などがあった場合でも品確法（住宅の品質確保の促進等に関する法律）によって物件を建てた会社が責任を負うため、売買契約を担当する営業が責任（契約不適合責任といいます）を問われることがほとんどないからです。

一方の中古物件は、物件ごとに劣化状況などが異なります。売買営業は物件や設備について細かく調査する必要があり、契約時の説明と実際の物件の状況が異なった場合には民法上の契約不適合責任を問われます。つまり、中古物件のほうがより細かな調査と知識が必要になるのです。

ちなみに、新築物件でも契約不適合責任を問われることもあります。例えば、新築マンションが地震で傾き、建て直しになったことがあります。このときは建築会社が建て直しを行いましたが、もし、地盤をきちんと調べていたら危険性を予見できたのではないかと言われた場合、売買契約を行った宅建士も責任を問われる可能性があります。

仮に契約不適合責任を問われた場合、買主は追完請求、損害賠償、代金の減額請求、契約解除を請求することができます。また、契約不適合責任は、かつて瑕疵担保責任と呼ばれていた責任のことで、２０２０年４月から呼び方も内容も変わりました。購入した物件に瑕疵があったときに買主を保護するという点は名称変更前と同じですが、改正後は買主の権利が強くなり、営業はより細かな点まで注意し、物件そのものにも契約内容についても不具合がないようにすることが求められるようになりました。

新築のみでは成長できない

新築物件よりも中古物件のほうが扱いが難しいということは、営業としては中古物件を扱うほうが知識と経験が増え、キャリアアップにつながるということです。

そもそも多種ある物件売買のなかで居住用の新築マンションや新築一戸建ては扱うのが実はいちばん簡単です。新築物件には一定の需要がありますし、マンションの場合は特にデベロッパーや販売会社が大々的に広告をしてくれるので買い手が自然に集まってきやすいのです。

営業としては、短期的に見れば、買い手探しをしなくていいわけですからラクです。買いに来た人に物件を紹介し、案内し、契約をまとめるだけです。しかし、中長期的に見ると買い手を探さなくてもいい環境が続くことで営業スキルが伸びなくなります。営業は、手続きとしての契約をまとめるだけでなく、売り手探し、買い手探しまで行うことが重要で、勝手に売れる新築売買の現場にいると営業としての成長が見込めず、キャリアが止まってしまうのです。

私の会社の面接にも、ずっと新築住宅またはマンションの販売営業をしていた人が面接に来ることがあります。そのなかには、入社から10数年にわたってこうした新築営業だったという人もいました。その人は、会社が買い手を見つけてくれるような売りやすい状況にいることにふと危機感を抱き、このままでは営業として成長できないことに気づいて、転職しようと思ったのだと言っていました。

しかし、30代後半になってから気づいても私は手遅れだと思います。10年以上の職歴があるとはいっても、新築営業しかしていないわけですから、売買営業のスキルや経験としては新人とほとんど変わりません。中古物件を扱っていくためには、物件一つひとつについて慎重に調査する方法を学ぶ必要があります。売り手探しや買い手探しについても新人同様に一から勉強しなければいけません。営業として成長を目指していくなら、新築営業というぬるま湯からできるだけ早く出て、中古物件を扱う環境で仕事をしなければならないと思うのです。

ラクな仕事は実務力がつかない

実務の面から見ると、新築物件の販売でも宅建の資格は必要ですので、そのための勉強はしなければなりません。また、営業の仕事を継続していくためには5年ごとに宅建士の資格を更新していく必要があります。更新時に法改正などについて知識をアップデートし、売買営業として実務で通用するレベルを維持するわけです。

ただ、新築のみ扱っている営業がきちんと知識をアップデートしているかというと、私は非常に怪しいと思っています。なぜなら、法改正などについての知識が多少不足していたとしても新築物件の販売にはほとんど支障がないからです。更新では6時間の法定講習を受けなければなりませんが、実際は寝ている人もたくさんいます。自分の仕事には特に重要ではない、知らなくても大丈夫と思っているから居眠りをするわけです。

このタイプの人の知識レベルは宅建取得時から成長していません。むしろ宅建取得時が知識レベルのピークであった人もいると思います。車に例えるなら運転免許を取ったときのままです。その状態で東京の首都高速を走れと言っても無理な話です。新築物件しか売ったことがない人が中古物件を扱うのは、まさにペーパードライバーが首都高速を走るようなものなのです。

最近は、大手の不動産会社を中心に営業に公益財団法人不動産流通推進センターが主催する不動産流通実務検定〝スコア〟（SCORE）を受験させ、知識とスキルの向上を推進するケースが増えつつあります。SCOREは、その名のとおり宅建士としての特に売買実務の力を問うもので、宅建士の独占業務である重要事項説明と契約書の作成を中心に、査定、調査、建築、税金、相続、証券化など幅広い分野をカバーしています。検定は計100問で1000点満点（検定時間150分）です。基礎的な知識をもって宅建士として活動するためには600点以上の点数を取ることが目標とされていますが、新築の販売経験しかない人は、おそらく600点を超えられません。

内容としてはそれほど難しくないとは思いますが、それでも得点が低い宅建士はいます。言い換えれば、知識不足の宅建士がそれだけたくさん世の中にいるということです。

販売より仕入れが難しい

営業のキャリアという点から見ると、売買の両手取引ができるようになることも重要です。売買営業というと売るイメージのほうが強いようですが、さらに稼ぎ、優秀な営業となるためには物件を買い付け、仕入れる力が求められます。難易度を見ても、顧客に物件を売ることより、オーナーから物件を仕入れることのほうがはるかに難しいのです。

物件の売却については、不動産取引情報サイトを見て、掲載されている物件を売ることができます。こうしたサイトは、宅建業者が登録している不動産会社であれば利用できますので、顧客のニーズに合う物件を探し、売却することができます。ただし、このときに得られる売買手数料は原則片手です。

一方、物件の仕入れは、オーナーに営業し、売却依頼を預かったり、売却したい物件を自社で購入したりすることです。いずれの場合もオーナーから手数料を受け取ることができるので、手数料収入は両手、つまり売却のみを手掛ける場合の2倍になり、より多く稼ぐことができます。

また、物件を仕入れる場合は、その物件がいくらで売れるかまで考えなければなりません。物件によっては億単位の一棟アパートやビルなどもあり、売却価格を見誤ると大きな損失となることもあるため、そこでも営業としての知識と経験が問われます。

もう一歩踏み込むと、不動産取引は売り手と買い手がいて初めて成立しますので、売買営業の使命という観点から考えると、買い手のニーズを満たすだけでは片手落ちで、売り手のニーズも満たさなければならないのです。

買い手は、少しでもいい家、広くて便利な家を求めており、そのニーズを満たすことは大事です。しかし、一方には売り手のニーズもあります。物件の現金化、住み替えのため、相続対策、資産整理などといったニーズです。このようなニーズを満たすことも売買営業の役目です。そしてこれらを両立することができれば、買い手だけではなく売り手からも感謝されます。

不動産売買は多額のお金が動くだけでなく、法律や権利の問題なども複雑に関係します。法律的には個人で不動産を売却することは可能で、税金や不動産会社に支払う手数料を抑えられるといったメリットもあります。しかし、買い手探しやトラブルになった場合の対処が大変で、ほとんどの人が不動産会社に依頼しているのが現状です。

営業は、そのためのサポートまでできなければならない、というのが私の考えです。また、居住用物件だけでなく、区分マンション、一棟もの、商業ビル、土地、畑や山など幅広い分野で売買両方を手掛けられるようになって、ようやく営業は一人前と呼べます。売却するだけの営業より覚えることは増えますが、だからこそ成長でき、オーナーに信頼される営業になれるのだと思います。

物件の売却には宅建の資格が必要ですが、仕入れは資格がなくてもできます。そのため、私の会社ではまず仕入れ業務からキャリアをスタートすることがほとんどです。オーナーと良い関係を築く、オーナーが売りたい物件や周辺相場について細かく調査する、買主探しを含めて仕入れたあとの出口戦略を立てるといった難易度の高い業務からスタートするため、社員の成長が早く、稼げる営業になるまでの時間も短縮できるのです。

売れる人がさらに売れる人になる

稼ぐ人になるためには、稼ぐことが重要です。「稼ぐ人になって稼ぐ」というと禅問答のようですが、これが大事なポイントです。売買営業は、稼げるようになればなるほど売り手、買い手からの相談が集まってきます。また、稼げる人は会社としても手放したくないため、歩合給が上がり、より稼ぎやすくなるのです。

分かりやすい例が、反響に対する営業の振り分けです。反響は、不動産会社が出す広告を見た人の問い合わせのことです。例えば、マンションの売り出し広告を出すと、興味をもった人から会社に問い合わせが来ます。社内に複数の営業員がいる場合、会社はこの反響を誰に担当させるか決める必要があります。

営業担当を決める人の立場で考えてみると、最も重要なのは反響をしっかり契約に結びつけることです。反響獲得にはＣＭ、インターネット広告、新聞広告チラシ制作といった広告宣伝費が掛かっていますので、着実に売上に結びつけなければなりません。

そのような背景から、反響があった場合は、営業成績が良く顧客の評価が高い人に任せようと考えます。問い合わせをする人は買いたいという意志をもっているので、契約に至る可能性も高いといえます。つまり、反響を担当する順番は営業成績が良い順番であり、稼げる人のところに稼げる案件とお金が自然と集まります。

大手の不動産会社に入り、新人営業が苦労するのはここです。大手企業は広告にお金を掛けるので、その分をしっかり回収しなければならないという意識が働きやすく、反響は売れる人に任せるカルチャーがあるのです。

新人営業がこの壁を乗り越えるためには、どうにかして営業成績を上げて、売れる人と認識される必要があります。稼げない人はいつまで経っても稼げる案件が回ってきません。しかし、一度でも営業成績でトップに立てば、反響営業が回ってくるようになります。

ここで一つ押さえておきたいのは、反響営業は平等ではないということです。順番を待っていてもチャンスは回ってきません。しかし、正しい勉強すればチャンスをつかむことができますし、稼ぐ人になればさらに稼ぐことができるのです。

第3章

接客、交渉、資格取得……
女性が不動産売買営業で
成功するためのポイント

宅建取得は出発点ではなく通過点

優秀な売買営業になるためには、宅建士としての豊富な知識と、売り手や買い手を満足させる営業力が必要です。この2つは売買営業として成長していくための両輪で、稼ぎに直結しますし、勤め先となる不動産会社としても、知識があり、営業ができる人が理想です。

ここで重要なのは、宅建をもっていなくても営業力があれば稼げますが、宅建をもっていても営業力がなければ稼げないということです。そのため、これから売買営業を始める人にとっては、どちらかといえば営業力のほうが重要といえます。

営業として仕事をするためには宅建を取得しなければならないと思っている人がいますが、それは誤解です。不動産営業の業務面から見ると、宅建は契約時に必要となる資格ですが、売り手や買い手を探したり、物件調査したりする際に資格は必要ありません。

売買営業のプロになるために、どこかのタイミングで宅建が必要になることは間違いありません。しかし、宅建がない人でも営業員になることはできます。私の会社の営業員にも宅建をもっていない人や入社後に宅建士となった人がいます。

逆にいえば、宅建士になったからといって優秀な営業員になれるとは限らないということです。宅建士試験に合格し、都道府県知事に登録している宅建士は全国に１００万人以上います。宅建士は1回取得したら生涯、宅建士として登録できますし、毎年何万人もの人が受験する人気資格の一つです。登録者が消えず、新たな宅建士が増えるので、理屈上、世の中の宅建士は増え続けていきます。30年前のデータを見ると、宅建登録者数は今の半分の50万人くらいでした。

一方、宅建士として実際に不動産の仕事、つまり実務に従事している人は約30万人ほどです。宅建士として仕事をするためには、宅建を取得し、5年ごとの更新を行い、そのうえで不動産会社に勤めたり自分で起業したりします。

この数は宅建士登録者数のようには増えません。不動産の仕事には限りがあるため、宅建士すべてが不動産関連の仕事に就けるわけではありません。勤め先がブラックだった、別の仕事がしたくなったなどの理由で不動産業界を離れた宅建士もいます。

つまり、宅建士という大きな母数があり、そのなかで、現役で不動産の仕事をしている人が不動産営業です。また、不動産営業のなかにたくさん稼ぐ優秀な人と脱落予備軍が混在し、優秀な人のなかには現時点で宅建を取っていない人もたくさんいるのです。

ちなみに、世の中には士業と呼ばれる士がつく資格がいくつかあり、宅建士もその一つです。以前は宅地建物取引主任者という呼び方でしたが、２０１５年に宅地建物取引士に変わり、士業の仲間になりました。

士業という点では、弁護士や公認会計士と同じです。ただ、数ある士業のなかで「先生」と呼ばれない士業です。その理由の一つが、資格取得者が多く、希少性がないことです。例えば、弁護士や行政書士は約5万人、税理士は少し多く8万人ですが、宅建士は二桁違って100万人以上です。このことから、宅建士の資格としての価値はそれほど高いとはいえず、実際、資格をもっているだけで実務はできない宅建士もかなりの数いるのが現実です。例えば、10年くらい前に宅建を取っていたとしても、それは実務的にはなんの役にも立ちません。10年も経てば法律（条例）がいろいろと変わります。そのアップデートができていない限り、現場で営業として使える知識はないに等しいのです。その点においても、重要なのは宅建よりむしろ営業力といえます。

成功のポイント1　経験よりも素直さ

宅建取得は営業の出発点ではなく、優秀な営業として成長していくための通過点です。では出発点はどこかというと、営業力を高めることです。

そこでポイントとなるのが、どうすれば営業力を高められるかです。例えば、私の会社でトップ営業となった女性営業員は、会話がうまく、観察力があり、気も利きます。オーナーと良い関係を築き、信頼されるようになり、あっという間に年収1000万円近く稼ぐようになりました。

彼女は前職が飲食系の接客業で、不動産業界で働いた経験も営業経験もありません。入社当時は宅建の資格ももっていませんでした。このことからも分かるように、営業力が高いことと業界経験の有無はあまり関係ありません。営業は人と接する仕事なので、人と話すことが得意で、人の役に立つことや人に喜ばれることが好きだといった素質は大事ですが、そのような基本的な条件さえ満たしていれば未経験でも十分に稼ぐことができます。

むしろ、営業力を高めていくうえでは他社や他業種での経験が邪魔になることも多いといえます。前の会社ではこうだった、不動産営業はこういうもの、といった固定観念をもっていると、自分のやり方を変えることができず、稼げる営業になれないのです。

その一例として、私の会社の女性営業員で大きなトラブルを起こしそうになった人がいました。売買契約をする際には必ず本人確認をします。その際には運転免許証で確認することが多いのですが、そのときの顧客は運転免許証をもっていなかったため、女性営業員は健康保険証だけを見て確認済みとしたのです。

これはコンプライアンス違反であるだけでなく非常に危険です。保険証には顔写真がないので、顧客が誰かになりすまして契約しようとしていたとしても見抜くことができません。反社会組織が偽の取引によって物件を不正に取得しようとしている可能性なども考えられます。そのような理由から、

２０１６年に顔写真がない健康保険証などで本人確認する場合は、別の書類を追加書類として提示する規定（追加的措置といいます）ができたのです。

幸い、このときは契約前に書類確認が足りないことに気づきました。しかし、問題はその原因です。彼女になぜ確認しなかったのか聞いたところ、前の会社では健康保険証だけでＯＫだった、という答えが返ってきました。

その会社の上司は法改正を知らなかったのかもしれませんし、あるいは、面倒なので健康保険証だけでいい、と判断していたのかもしれません。いずれにしても宅建士として失格です。前職でのやり方が正しいと思い込んでいた彼女も未熟です。

有象無象の不動産会社に勤め、間違った業務を正しいと思い込んでいる人は少なくありません。細かなことをいえば、オーナー宅に上がるときに靴をそろえないとか、挨拶がきちんとできないとか、いきなりあぐらをかいて座るとか、営業としての良し悪し以前に社会人としてのマナーが身についていない人もいます。

一般常識がある人には信じがたいでしょうが、営業員のなかには飛び込み営業とテレアポばかりやらされて、社会人としての基本動作や基礎知識を教わっていない人もいます。それが原因で成長できなくなったり、自分や会社の信用を失墜させたりする可能性もあるのです。

実際、稼げずに脱落していく人の多くは、営業とはこういうものだとか、自分のやり方が正しいなど思い込んでいる人です。営業は気合いと根性だと考えている威圧的営業マンもその一例で、感覚的には営業の8割が脱落組か、脱落予備軍です。

もう少し深く分析すると、過去にとらわれる人は、新しいことを学ぶ意欲がない人であり、変化を受け入れる素直さがない人であり、自分を変えていく勇気がない人ともいえます。このタイプの人は脱落予備軍ですし、逆に、業界経験なし、営業未経験の人は間違った思い込みがないため、正しい情報を素直に学びます。売れている人のアドバイスを聞いたり仕事の取り組み方を観察したりして、乾いたスポンジのようにどんどん吸収します。

白い絵の具にほかの色を混ぜると、どうやっても真っ白には戻りません。それと同じで、固定観念がないことは営業力を高めるためのポイントです。素直な人は特に、勝ち組みになれる可能性が十分にあります。

成功のポイント2　顧客に合わせられる柔軟さ

営業力を高めていくためには、働き方の面で、ある程度の柔軟性が大事です。私が新人だった頃に月給で100万円もらえたのは、休日返上を厭わず、残業もしつつ、自宅でも資料作りや勉強に勤しんでいたからです。今は会社の制度上そのような働き方は難しいですが、きちんと正しい勉強をしてオーナーや顧客に評価されるプロの不動産営業に成長すれば、月給50万円、年収で600万円くらいは十分に稼げます。世間一般の役職でいえば、部長には届かないまでも、係長や課長と同じくらいの年収は稼げるということです。

ただし、人並み以上の収入を稼ぐわけですから、人よりも多く働き、多く勉強することが求められます。例えば、売買営業では土日や祝日が出勤になることが珍しくありません。夜の7時や8時といった時間に顧客（オーナーや買い手候補）との打ち合わせが入ることもあります。平日の日中仕事をしている顧客は休日や仕事が終わったあとしか時間が取れないため、営業が時間を合わせて対応をする必要があるわけです。

これを無理と考えるか許容範囲内と考えるかは営業の生活環境によります。生まれたばかりの子どもがいる人に残業は困難ですし、小学生の子どもがいる人もある程度は子どもと休みを合わせたいとなれば、土日出勤、平日休みの仕事は難しくなります。親の介護をしている人も同じです。毎日定時で帰れる仕事ではないため、生活環境の面でできる人とできない人が分かれるのです。

不動産営業に限ったことではなく、飲食店、観光地、百貨店で働く場合も土日出勤はあります。例えば、医療従事者や警察官、消防士などは、24時間勤務や28時間勤務の日もあると聞いています。それが難しいのであればその仕事が務まらないのと同じで、不動産営業も受け入れなければならない業務の特性があります。

突き詰めれば、どの仕事にも大変な部分はあるということです。成果に応じて稼げるのが不動産営業の特徴ですが、9時から17時まできっちり終わる仕事をしたい人には不向きで、時間の面での柔軟性がないと務まらないし稼げないということです。

資産を預かる責任を果たせるか

最近では、不動産会社のなかでも子どもの具合が悪くなったときのことなどを想定して臨機応変に休みが取れるようにしたり、土日に休めるような環境を整えたりする会社もあります。私の会社もなるべく女性が働きやすいように環境と制度をつくっています。

しかし、そうはいっても不動産業界は気合いと根性で成り立ってきた業界で、いまだにその価値観が色濃く残っています。時短勤務や女性の社会進出といった昨今の働き方改革に周回遅れの現状であるため、家庭の事情などで働ける時間が制限されると、勉強する時間や営業する時間が少なくなり、稼げる営業に成長できる可能性がどうしても小さくなってしまうのです。

私の会社の面接にも子もちの女性が来ます。未経験だけど不動産売買に挑戦したい、宅建を取得して収入を増やしたい、といった意欲をもって売買営業の世界を目指す女性たちです。しかし、採用に至ることはほとんどありません。子どもの年齢や生活環境について聞く限り、本人が成長できる可能性が小さ過ぎるのです。

なかには、実家暮らしで自分の親が子どもの面倒を見てくれる、夫が自営業なので任せられる、と言う人もいます。そういう環境なら多少は成長できる可能性があるかもしれません。ただ、営業力の本質や顧客に重宝されるかどうかという点から見ると、重要なのは場合によって生活より仕事を優先できるかどうかだと思います。

売買営業は人にとって最も重要な財産を任される仕事です。「相続した土地を早く売らないと多額の相続税を納めることになる」「任意売却しないと1カ月後に競売物件になってしまう」「競売で安く買い叩かれると多額債権が残ってしまう」など、売買によってその後の人生が変わるケースもあります。大袈裟に聞こえるかもしれませんが、売買営業は顧客の人生を背負い込むような重要な役回りを任されることがあるのです。

そういう場面に遭遇した際に、子どもが熱を出したとか、親を病院に連れていくなどとはなかなか言えません。もちろん、働き手の権利として言ってもよいのですが、それでは顧客の信頼を得るのは難しく、成長することも稼ぐことも難しいだろうと思うのです。

不動産売買に挑戦したい人にとっては厳しい話かもしれませんが、実際のところ、不動産売買の仕事は無責任では務まりません。挑戦したい気持ちはよく分かりますし、挑戦する機会を提供したいとも思うのですが、顧客の役に立つという使命から考えるとハードルが高いのです。

そう考えると、生活環境の面では、子育てが一段落した人のほうが向いているといえます。就業機会という点で不平等だと思うかもしれませんが、それが現実であり実態です。

成功のポイント3 粘り強い性格

売買営業の成長は一朝一夕ではありません。オーナーと買い手の信頼を築き、新築と中古といった幅広い分野について学びながら、粘り強く成長していく意識も重要です。

その点では、賃貸営業をしていた人が売買営業で稼げる人になる可能性は十分にあると思っています。なぜなら、賃貸営業の世界は台風の日でも出社するような気合いと根性の世界で、その環境に耐えられるのであれば売買営業の苦労にも耐えられるでしょうし、中長期で自分を成長させていくこともできるだろうと思うからです。

また、賃貸営業の多くはオーナーと接点をもっています。オーナーがどういう人か知っていますし、コミュニケーションを取ることにも慣れており、オーナーが抱える課題や悩み、要望なども分かっています。これは買い手となるエンドユーザーのみとしか接点をもたない売却だけの営業にはない強みです。特に収益物件の一棟アパートなどを売買する場合、賃貸営業の経験は家賃を想定したりリフォーム費用を見積もったりする際の知見になります。

賃貸営業で疲れた人は、不動産営業全体に嫌気がさしている場合もあります。辞めて清々したという人や、不動産業界はもう懲り懲りという人もいます。

しかし、成長の可能性という点では、それはもったいない判断です。売買は賃貸に比べてノルマが大変そうと思っている人もいますが、その先入観さえ捨てることができれば、実は売買営業は賃貸営業での苦労が活かしやすい仕事です。賃貸と比べて求められる知識の幅が広いため、正しい勉強をするという点では大変です。しかし、正しく勉強した分だけ高い報酬が得られる可能性もあります。

性格面では、粘り強さや耐性のほかに、物怖じしない性格の人のほうが成長しやすいといえます。不動産売買はオーナーや購入の可能性がありそうな家への飛び込み営業をします。テレアポもします。売買営業の基本は新規顧客の開拓ですので、オーナーの売却需要や買い手候補の購入需要をつかむ必要があるのです。

このような業務を苦手とする人は、性格的には売買営業に不向きです。逆に、深く考えずにいろいろな人とコミュニケーションを取っていける人は、そこからつながりが生まれ、仕事の幅も広がっていきます。

また、売買契約は物件調査から契約書の作成まで細かな点を確認します。小さな見落としによって説明不足を指摘され、民法上の契約不適合責任を問われる可能性もあります。そのため、几帳面な性格の人のほうが向いていますし、大雑把な人は不向きといえます。

面倒くさがったり、怠けようとしたりする人も向いていません。そもそも売買営業の報酬は歩合給が主体ですので、勉強や仕事を怠けていると基本給だけになり、生活できずに最終的には脱落することになります。

成功のポイント4　女性を守る会社を選ぶ

女性は、素質や性格などの面で男性よりも売買営業に向いている要素を多くもっています。一方で、営業という仕事における女性ならではの難しさもあります。

例えば、オーナーにも買い手にも言動が暴力的な人や営業に対して高圧的な人がいます。キレやすい人もいます。私の会社が営業していたオーナーのなかにも、ちょっとしたことで怒鳴る人がいました。一般的な感覚ではなかなか理解しづらいところに怒り爆発のスイッチがあり、資料のコピーが曲がっているといったことでキレるのです。もっと乱暴な人で、資料が分かりにくかったり、営業の提案が気に入らなかったときなどにテーブルを叩いて怒鳴ったりする人もいました。

実際、私の会社の女性営業員でオーナーに過剰に厳しく叱られて、半泣きで帰ってきた人がいましたし、以来、怖いから行きたくないと言い出すようになってしまいました。

不動産会社のなかには、顧客だから仕方がない、我慢して付き合うしかないなどと考える会社もあります。しかし、私はそうは思いません。女性は基本的には弱い立場です。だからこそ、会社が守らなければならないと思っています。

オーナーと買い手は対等です。対等だからお互いに納得できる良い契約ができます。また、その間を取り持つ営業も対等です。不動産のプロとして満足できる支援をして、その対価としてお金をもらっているため、よほど失礼なことをした場合は別として、怒鳴られたりする筋合いもありません。契約後に感謝されるのも、良い関係を続けていけるのも、オーナーが営業の仕事を評価してくれるからです。

高圧的なオーナーとはそのような関係は築けません。そのため、女性営業員から乱暴な人だった、暴力的で怖かったなどの報告を受けた場合、私はそのオーナーを追客NGにします。過去にも何人かのオーナーをNGオーナーにして、女性営業員には、そのオーナーには連絡しないようにと指示しました。なかには「営業が来ない」と電話してきたオーナーもいましたが、私の会社の大切な社員を行かせるわけにはいかないと伝え、縁を切りました。そのせいでいくらか利益を取りこぼすとしても、中長期的に見れば営業がつらい思いをし、モチベーションが下がるため、そのようなオーナーとの付き合いは百害あって一利なしなのです。

営業として働く側から見ると、営業力を高めていくためには長く働ける環境で仕事をする必要があります。そのためには、理不尽な顧客を追い払ってくれる会社を選ぶことが大事です。経営者や上司の気質として部下や社員を大切にしてくれる人であることが大事ですし、顧客と営業は対等であるという意識をもっていることも大切です。また、経営面では売上が苦しいとどうしても顧客の言いなりになってしまいます。売上優先に考えるから顧客だから仕方がないと考えるのであって、それは社員よりも売上を重視しているということです。そういう会社は避けたほうが良いです。安定的に稼げていない会社ほど、売上確保のために社員を捨て駒のように扱うものなのです。

成功のポイント5　知ったかぶりはしない

女性営業員にとっては、社会的地位がある人や頭が良い人に対して接しづらい場合があります。このタイプの人たちは女性を下に見る傾向があり、高圧的とまではいかないまでも、女性だから、若いから、知識や経験が浅いだろうといった理由で女性営業員に対して舐めた態度で接してくる人がいるのです。

例えば、元議員や学校の校長、医師、弁護士など世間で「先生」と呼ばれている人たちです。もちろん謙虚で人格者の先生もいますが、なかには態度が大きく、堂々と女性では頼りにならない、男性の営業をよこしてくれと言う人がいます。これは女性営業員が傷つく言葉であり、プロになろう、良い仕事をしようというモチベーションが下がります。また、知識のある人たちは独学で不動産関連の法律などを調べていることもあり、営業の説明が分かりにくかったり、間違えていたりすると細かく指摘してきます。これも女性営業員にはプレッシャーで、もっと勉強しなければいけないと奮起する人もいますが、たいていの人は自分の未熟さを実感し、自信を失ってしまいます。

会社としては、このような悪影響も避けなければなりません。そのため、このタイプの人たちに営業する際には複数で行かせたり、知識や経験がある男性と行かせたり、私の会社の場合は私が同行するようにしています。男性営業員や私が同行したところで大きい態度が変わるわけではないのですが、女性営業員を蔑んだり馬鹿にしたりするような態度や言動は減り、彼女たちの成長意欲と自己肯定感が低下するのを防ぐことができます。

また、私が同行しないとき、注意点として知ったかぶりをしないようにと伝えます。不動産の知識は幅が広いだけでなく奥も深いためすべてを網羅することが難しいのが現実です。だからこそ、中長期視点でレベルアップを目指し、正しい勉強を積み重ねていきます。

しかし、成長を焦ってしまうせいなのか、相手に頼りない人だと思われたくないからなのか、答えが分からない質問に対して適当に回答してしまう人がいます。たぶん、こうだったなどといったあいまいな答えをしてしまうのです。先生タイプの人たちは女性は頼りない、知識が浅いといった態度が前面に出るので、それが悔しくて分からないと言えなくなり、適当な答えを返してしまうのかもしれません。

これはトラブルのもとです。適当に答えた内容が間違いだった場合、あのときはこう言ったと責められますし、そのせいで余計に女性は頼りない、知識が浅いと思われてしまいます。

このような状況に陥るのを避けるには、日々勉強し、最低限の理論武装をすることはもちろんですが、分からないことに対して「分からないので、会社にもち帰って調べます」と言うことが大事です。分からないと答えることでやっぱり女性は……、と思う人もいますが、謙虚さ、素直さを評価してくれる人もいます。

見方を変えれば、偉ぶりたい人に偉いと感じさせ、威張りたい人に好きなだけ威張らせて、気持ちよくさせるのも営業のテクニックということです。「すごいですね」「賢いですね」「勉強になります」と言われたがっているなら、そう言って喜ばせるのも営業手法なのです。誰だって褒められれば悪い気はしません。褒めてくれる人を近くに置いて、可愛がろうとも思います。

先生タイプの克服方法としては、戦略的に可愛がられる方法が有効ですし、女性は男性より可愛がられやすいという点で優位性もあると思います。

下ネタへの対応に要注意、セクハラには毅然とした態度を

女性営業員ならではの難しさとして、顧客の下心や下ネタにも対処しなければならないことが挙げられます。下心の実例を挙げると、自社経営の居酒屋と投資用として複数のアパートをもっているオーナーで、私の会社の女性営業員を何度も呼び出す人がいました。金曜日の昼くらいになると毎週のように女性営業員に電話が来て、「物件の相談があるのでうちの居酒屋に来てほしい」と言うのです。しかし、行ってみると物件の相談はほとんどありません。要するに、飲み食いする相手が欲しいため、女性営業員を呼びつけているというわけです。

もしかしたら本当に物件売買の相談があるかもしれないため、むげにはできません。しかし、女性営業員はコンパニオンではありませんので、何度も空振りが続くようならオーナーとの付き合い方を見直す必要があります。このオーナーに対して私が取った対策は、女性営業員2人で行ってもらうことでした。オーナーとしては、コンパニオン代わりの女性が増えて喜ぶ可能性もありますが、営業を増やすことで「私たちは仕事で来ている」というプレッシャーを与えることができると考えたのです。

私の施策は功を奏し、それ以降呼び出される回数は減りました。

これも女性が長期で働き、成長していくために、会社がやらなければならないことの一つです。実際、オーナーのなかには物件売却の相談などをニンジンとしてぶら下げて、付き合わせる人がいます。女性は、女性らしさを活かすことで男性営業員と差別化した営業ができますが、それは人当たりの良さや気遣いできるといった長所を活かすという意味で、色気で仕事を取るという意味ではありません。ここは顧客も会社も女性営業員当人も間違えてはいけないところです。顧客が勘違いしているなら会社が女性営業員を守らなければならないということです。

下ネタについては、ある程度は聞き流す余裕があったほうがよいという時代は過ぎ去り、今の時代ではもはやはっきりとしたセクシャルハラスメントです。どの業界にも、どの会社にも、下ネタを言う男はいるものです。ある程度は軽く受け流すことができると顧客とのコミュニケーションが円滑に進むこともありますが、あまりにも露骨な場合には毅然とした対応を取るべきです。

私が知っている女性営業員で、下ネタ大好きなおじさんオーナーたちにとても好かれている人がいます。もともと会話上手なこともあり、オーナーも彼女と話すのが楽しいため、いろいろなオーナーから昼ご飯や夕ご飯のお誘いが掛かり、当の彼女は、今日もご馳走してもらえてラッキー、と喜んでいます。

その様子を見ながら、私はたくましいなといつも感心します。なぜなら彼女はいくつも物件売買を任され、しっかり稼いでいるからです。下ネタも含め、楽しく関係性を築き、売買営業としてきちんと仕事をするメリハリが重要です。相手を手のひらの上で転がすこと、そして、メリットとデメリットを逆算して、したたかに主導権を取ってきっちり稼ぐことも必要だと思います。

不動産の実務から学ぶ

売買営業としてプロを目指すうえでは、営業力を高めつつ、並行して知識を習得していく必要があります。その登竜門の一つといえるのが宅建の取得です。私は週に何度か書店に行きますが、そのたびに、不動産関連のコーナーで宅建受験の本を読んでいる女性を見掛けます。宅建に対する女性の関心は高く、効率良く勉強して最短距離で資格を取得してほしいと思っています。

ところで、不動産の資格というとほとんどの人が宅建を思い浮かべますが、ほかにもいくつか重要な資格があります。

難易度の順番で考えると、宅建の前段階として全国宅地建物取引業協会連合会（全宅連）の不動産キャリアパーソンという資格があります。宅建が法律重視の資格であるのに対し、不動産キャリアパーソンは不動産取引の実務で使える知識に重点をおいた資格で、通信教育とネット講座の動画で学びます。内容は、不動産取引で行う物件調査や取引の実務に関する基礎知識であり、修了試験に合格すると資格を取得できます。

これから不動産営業に挑戦する人なら、宅建の前に不動産キャリアパーソンを受験したほうが取引の概要を体系的に学ぶことができ、宅建受験にも役に立ちます。私の会社の女性営業員もまずは不動産キャリアパーソンを取得し、その次のステップとして宅建取得を目指しています。不動産キャリアパーソンは、仕事をしながらでも3カ月くらい勉強すれば取得できると思います。

宅建取得の意義と目的を知る

不動産関連資格の代名詞にもなっている宅建は、登録者100万人超、毎年20万人近くの人が受験する日本最大規模の国家資格です。資格の価値としては、宅建士になることによって「重要事項の説明」「35条書面（重要事項書面）の記名・捺印」「37条書面（契約書）への記名・捺印」ができるようになります。これらは宅建士にしかできない独占業務です。資格としては弁護士や税理士の資格のほうが難易度が高いのですが、そうした士業の人でもこれらの業務はできません。

重要事項の説明は、不動産の売買と賃貸の契約時に必ず行うべき説明業務です。具体的には、不動産を購入する人と借りる人に向けて、その物件に関する重要な情報を説明します。重要な情報には、例えば、登記、広さ、水・電気・ガスの供給施設、キャンセル時の取り決めなどがあります。このような情報をしっかりと伝えることで、不動産の知識がない買い手や借り手に損害が発生するのを防ぎます。

35条書面（重要事項書面）への記名・押印は、宅地建物取引業法35条の規定に基づいて作成する書面に記名することです。35条書面は、売主や貸主の代理として宅建士が重要事項の説明を行い、その内容をまとめたもので、重要事項説明書とも呼ばれます。物件の買主と借主は、この書面に書かれた内容を確認して、契約するかどうかを決めます。また、書面の内容については記名・押印する宅建士が責任をもちます。

37条書面（契約書）への記名・押印は、物件取引の内容について書かれた書面に記名することです。内容としては、代金、支払い方法、引き渡しの時期などを書きます。重要事項の説明を経て、売買や賃借の取引が成立すると、宅建士がこの書面に記名します。

もともと、35条書面と37条書面は宅建士が記名と押印すると決まっていましたが、現在は２０２２年の法改正によって押印が一部不要になりました。また、これら書類についても従来は紙で交付することと決まっていましたが、現在は電子化することも可能です。不動産業界は紙ありきのアナログな業界ですが、少しずつデジタル化が進んでいます。気合いと根性論がまかり通る旧態依然とした業界の風潮も、時代の流れのなかで変わっていくだろうと考えられます。

自分に合う勉強方法を選ぶ

宅建の試験は、毎年10月に行われます。合格率は15~18%ほどで、20万人の受験者のうち、毎年3~4万人が合格しています。試験はマークシート方式で、50問中31~38問（試験時間2時間）のラインを超えると合格となります（※合格ラインは年によって異なります）。

問題の詳細は、民法、借地借家法、不動産登記法、区分所有法など法律に関する問題、不動産業務の実務で重要となる宅建業法に関する問題、都市計画法や建築基準法など法令に関する問題が中心で、ほかに、税制、住宅ローン、土地や建物の安全性などに関する問題も出題されます。

勉強方法としては、宅建の予備校や通信講座で学ぶ方法と、独学で勉強する方法があります。予備校なら10万円弱から20万円くらい、独学ならテキスト代や通信講座の数万円から10万円が費用として掛かります。

時間と費用に余裕があるなら、予備校や通信講座で学ぶのが近道です。耳慣れない法律用語が多く、暗記しなければならないルールや計算式もありますが、きちんと勉強して臨めば2回くらいで合格できると私は思っています。ただ、宅建をもっていなくても営業はできるので、仕事をしながら独学で学ぶ場合でもそれほど難易度は高くありません。仕事をしながら勉強すれば教科書からだけではなく現場での実務を通じて学ぶこともできるので、宅建業法に関する問題などは実務経験がある人のほうが理解しやすくなります。

講習を受けて5点免除

仕事をしながら宅建取得を目指すことには、もう一つメリットがあります。それは、宅建試験の「5点免除制度」を使えることです。

5点免除制度は、50問ある宅建試験のうち、46～50問目の5問が免除となり、合格ラインが5点分低くなる制度です。例えば、合格ラインが35点だった場合、一般の受験者は35問以上正解する必要がありますが、5点免除の受験者は免除となった5問分が正解としてカウントされるため、45問中30問の正解で合格となるわけです。

少し詳しく見ると、まず宅建の問題は、「宅建業法」が20問、「権利関係」が14問、「法令上の制限」が8問、「税とその他」が8問という構成になっています。5点免除制度では、「税とその他」の「その他」の問題が免除されます。具体的には、地形や土地に関する一般知識を問う問題や、近年の統計情報に関する知識を問う問題が中心で、「宅地建物取引業法施行規則第8条第1号、土地の形質、地積、地目及び種別並びに建物の形質、構造及び種別に関すること」と「宅地建物取引業法施行規則第8条第5号、宅地及び建物の需給に関する法令及び実務に関すること」に関する問題が免除されます。ただし、その分試験時間も10分短縮されます。

5点免除制度は合格ラインが下がりますし、実際の合格率を見ても、5点免除制度の受験者は一般受験者よりも5%ほど合格率が高くなっています。また、「その他」の分野の試験勉強が不要になるため、その分の時間を残りの勉強に使うこともできます。

この制度を使うためには、国土交通大臣の登録を受けた機関で登録講習を受ける必要があります。登録講習は、通信学習が2カ月とスクーリングの講習が2日間あります。通信学習はテキストを使って自分で勉強するものですので、空いた時間などを使いながら自分のペースで勉強することができます。スクーリングは資格学校の会場などに行って学ぶことです。1日目は宅建業法、2日目は民法について学び、学習時間は2日間で合計10時間ほどです。宅建試験で免除となる「その他」の勉強も、通信学習とスクーリングに含まれます。つまり、事前に勉強し、知識を習得したという前提があるため、実際の試験で問題が免除になるというわけです。また、通信学習とスクーリングでは免除になる問題以外の勉強も含みます。そのため、残り45問の試験勉強にもなります。

通信学習とスクーリングを終えると、最後に修了試験があります。試験は20問で、100点満点中70点以上で合格です。合格した場合は修了者証明書が交付され、これを宅建の受験申込時に使うことで5点免除の受験ができるようになる仕組みです。また、修了書者証明書は修了の日から3年以内の宅建試験で使うことができます。

ここで重要なのは、宅建業に従事している人しか登録講習を受けられないということです。登録講習を受講するためには、宅建業に従事していることを証明する宅建業従業者証明書が必要で、これは勤務先が発行します。正社員はもちろん、パートやアルバイトとして働いている人も宅建業従業者証明書を受けることができ、宅建業として仕事をしていれば実務や勤務経験の長さは問われません。

賃貸に特化した国家資格もある

宅建は、不動産の売買と賃貸の業務に携わる人に必要な資格です。ただし、賃貸に関しては、2021年に新たに国家資格となった賃貸不動産経営管理士という資格を取る人が増えています。

賃貸不動産経営管理士は、賃貸物件の業務管理者向けの資格です。賃貸物件の管理に関する知識やスキルを習得し、賃貸分野のプロであることを証明する資格といえます。

賃貸不動産経営管理士の試験は、毎年11月に行われます。受験者数は約3万人、合格者数は直近の試験で約1万人ですので、合格率は30％ほどです。試験は宅建と同様、マークシート方式の50問（試験時間2時間）で、このうち35〜40問のラインを超えると合格です。

問題の詳細は、賃貸不動産管理に関わる法令の問題、賃貸住宅管理業法に関する問題、賃貸不動産管理の実務に関する問題などです。

賃貸分野のプロを目指すのであれば、賃貸不動産経営管理士は取っておいたほうが良い資格といえます。ただ、宅建士と同じ国家資格でありつつも、「重要事項の説明」「35条書面（重要事項書面）の記名・押印」「37条書面への記名・押印」は宅建士の独占業務ですから、いずれにしても宅建は取得しなければなりません。

営業として働く側から見ると、賃貸仲介の営業なら賃貸不動産経営管理士と宅建士、売買仲介の営業なら宅建士という分け方ができます。賃貸不動産経営管理士の勉強は、不動産関連の知識を増やすため、業界について幅広く理解するためといった点では役に立ちますが、売買営業の実務で直接的に役に立つことはほとんどありません。

また、不動産業界のルールとして、不動産の仲介を行う不動産会社は、宅建業に従事する人の5人につき宅建士を1人雇用しなければなりません。営業を含め、10人の会社なら最低2人、5で割り切れない場合はあまりの人数についても1人必要となるため、11人なら3人の宅建士が必要です。そのため、かつては会社の運営上の数合わせ的に宅建士が必要とされた時代もありました。

しかし、宅建士の登録者が１００万人いるのに対し、実際に仕事についている人が30万人しかいない現状からも分かるように、今は宅建士が余っている時代です。数合わせで採用するのも簡単で、賃貸営業が宅建を取得する必要性も低下しています。このような状況を考えると、今後は賃貸営業は賃貸不動産経営管理士だけで十分、売買営業をするなら宅建士、というすみ分けが進んでいくと考えられます。

実務を通じた知識が伴うことが重要

宅建は不動産営業として働くうえで、一つの壁であり、登竜門ともいえます。知名度が高い資格ですので顧客（オーナー、買い手、借り手）に向けたアピールの一つになります。宅建取得のためには勉強する必要がありますので、ある程度の知識も身につきます。

ただし、営業として稼ぐ、成長する、顧客に信頼されるといった観点から見ると、宅建を取って終わりではなく、むしろ宅建取得後も継続して勉強していくことが重要です。

例えば、不動産関連の法律は毎年のように変わります。どの法律の、どの点が改正されたかは自分で勉強し、覚える必要があります。10年前に宅建を取り、以来、何も勉強していないというような状態の場合、実際に取引に必要な知識が足りません。分かりやすくいえば「もう1回宅建を受けてきてください」というレベルなのです。

また、宅建は法律関係の知識習得が中心で、重要事項の説明には役立ちますが、実際の売買では物件調査をする必要があります。重要事項として、水・電気・ガスの供給施設について説明するためには、そもそも設備がどうなっているか現地や役所で調査する必要があるわけです。その方法は宅建試験の範囲ではないため、実務で学ぶ必要があります。

入社前や営業として仕事をする前に宅建を取得する人は、知識はあるけれど実務ができない状態です。逆に、仕事をしながら宅建取得を目指す人は、実務はできるけどその根底にある法律などを体系化できていない状態です。いずれにしても売買営業のプロになるためには、まずこの不均衡な状態を勉強によって補うことが大事です。

実務に関しては、宅建に合格しても、宅建士として都道府県知事の資格登録を受けるためには2年以上の実務経験が必要です。または、登録実務講習（5点免除を受けるための登録講習と名前が似ていますが別の講習です）を受けることで、2年以上の実務経験がある人と同等以上の能力があると認められ、宅建士の資格登録を受けられます。

ただ、実務で学ぶ範囲は広く、2年の実務経験や、2年の実務と同等の講習を受けるだけでは知識面でも経験の面でもまったく足りないのが現状です。例えば、中古物件は一つひとつ条件が異なります。地方に行けば、敷地内に畑や田んぼがある物件があり、農地法などに関する知識を踏まえて売買することとなるため、宅建取得の際に学ぶ法律だけではカバーしきれない知識が求められます。

一般的な宅地でも、水道管やガス管が隣の家の敷地内に埋まっていたり、物件の現状と役所の資料が間違っていたりするなど、試験には出ないさまざまな問題に対処していかなければなりません。仮に役所が発行した資料が間違っていたとしても、その資料を基にして重要事項説明を行えば、その責任は役所ではなくすべて宅建士が背負うことになります。

そのようなリスクを避けるためにも、宅建取得は通過点であり、取得後にどれだけ正しい勉強をするかが重要といえます。宅建士として知識と経験を増やしていくことは、顧客の資産を守るだけでなく、宅建士としての自分を守ることにも通じるのです。

登録実務講習を受講すべき理由

この登録実務講習とは、宅地建物取引士試験に合格した者で2年以上の実務経験がない者が受講するもので修了試験を合格した修了者は、2年以上の実務経験があると同等に認められることになります。その大まかな内容としては、１カ月間のＷＥＢでのスクーリングに加えて、対面で２日間講義を受講するというものです。また講義終了後には修了試験もあり、過酷なスケジュールのもと実施されます。

この登録実務講習は、２００６年まで公益財団法人不動産流通近代化センター（現 不動産流通推進センター）のみで実施されていましたが、２００７年以降は各予備校が参入し、現在は20校ほどが実施しています。私は２０１４年より講師を務めていますが、女性比率が年々高くなってきています。講師を始めた頃は、１クラス20名全員が男性ということもありましたが、年を追うごとに女性比率が上がってきている傾向にあります。２０２２年の登録実務講習ではなんとクラスの半数が女性でした。原因としては宅建士試験の女性の合格者が増加していることが挙げられますが、比率だけでなく、女性受講者の講義に向かう姿勢にもそのポジティブな傾向が見られます。例えば、講義と講義の合間に熱心に質問に来るのは、女性が圧倒的に多く、女性は男性に比べて居眠りなどせずに真剣に講義に集中しており受講態度も良い印象を受けます。

ある日、ある女性受講生が私の講義を聴いて、不動産取引が簡単でないことやリスクの予見が必要であることを学び、もともとは登録実務講習後すぐに開業するつもりだったが、より専門的な勉強が必要だと感じたと伝えてくれました。また、彼女は取引相手に対しても慎重を期さなければならないことがよく分かったとも述べていました。

彼女は30代の既婚者で、農家に嫁ぎ主人の実家と同居し、主人が内装業を営んでいたため、古い戸建てを買ってリフォームして販売するために数年越しで宅建にチャレンジ、見事に合格を果たしました。彼女は、登録実務講習を通じて、宅建マイスター・フェローである私から直接講義を受け、ほかでは聞くことのできない私の体験談を通じて不動産のさまざまなことを熱心に学んでくれました。

登録実務講習での思い出深い生徒はほかにもいます。ある日、クラスに一際、凛と輝く女性がいました。コロナ禍でマスク越しではありましたが、その美貌は一際目立っていました。私が講義テキスト以外で持参していた宅建マイスターテキストや不動産流通実務〝スコア〟検定テキストを見て、テキストを見せてほしいと言ってくるような積極性もある女性でした。彼女の受講態度も極めて真面目で、私は彼女から新たな知識を吸収しようという意欲を強く感じました。彼女に話を聞いてみると、驚くことに高級クラブに勤務しているとのことで、コロナ禍で出勤が激減し、将来を不安視して何か資格を取ろうと必死に勉強して宅建の資格を取得したそうです。

私の経験では、このような女性こそトップセールスになる要素をもち合わせていると思っています。あまりにも積極的に講義の内容も質問してくるので、私は彼女に2～3日間、講義ではなく実際に福岡で不動産売買実務を体験してみないかと声を掛けたほどです。彼女のように意欲のある受講者であれば、実際の売買実務を経験することで何かプラスになるものがあるのではないかと考えたからです。

彼女は私の誘いに合意したため、後日、福岡市にある私の会社で3日間の不動産売買実務研修を行うことになりました。彼女は収益物件のオーナー訪問、売買物件の重要事項説明書作成のための役所調査、売却物件の査定および現地調査などを体験し、私は学びの多い3日間を過ごしてもらえたと思います。

彼女は今まで夜の仕事しか経験がなく、夢のような3日間であったと感想を伝えてくれました。また、宅建の学習内容と実際の実務ではかなり内容が乖離しており、宅建合格の知識だけでは実際の不動産取引は立ちいかないのではないかといった印象を受けたと言います。できることなら不動産売買実務を先に経験してから、宅建を取得するのが望ましいのではないかと進言してくれたほどです。

他士業からの新たな参入者のなかでも、特に目を引くのは弁護士や税理士の実務家が登録実務講習を受講している場合です。実際に弁護士や税理士の宅建資格取得者は年々増加傾向にあります。

私が講師を務めるクラスで受講していたある若い弁護士に、どうして格下の宅建を受験し、登録実務講習まで受講するのか理由を聞いたところ、驚きの事実を知りました。その若い弁護士は、昨今、不動産案件を扱うたびに、重要事項説明書や売買契約書に間違いや誤記、説明不足が散見されていたと言うのです。

重要事項説明は、宅建士の独占業務であるため、弁護士資格をもっていてもその説明ができず、重要事項説明ができるようになるために、わざわざ宅建受験して登録実務講習を受講していたのです。

また、税理士の場合も、わざわざ登録実務講習を受講する理由は実務上の問題からでした。例えば、相続案件の相談を受けた際に、納税は依頼人の保有する不動産を売却するのが必至な状況である場合がほとんどで、そのたびに不動産業者に外注していたら経費がもったいないと考え、税理士自らが宅建を受験、登録実務講習を受講しているケースもありました。

宅建取得のその先に目を向ける

資格の難易度という点から見ても、宅建はゴールではありません。不動産業界には宅建の上位資格に相当する資格がいくつかあります。その一つが「宅建マイスター」です。

宅建マイスターは、不動産取引に内在するリスクを予見し、トラブルを未然に防ぐ能力があることを証明する資格です。例えば、高齢のオーナーからの依頼で物件を売却したあと、子どもや親族から契約無効の申し立てが起きるかもしれません。物件の現地調査不足が原因で、売却した土地に汚染などの問題が見つかるかもしれません。このようなリスクをあらかじめ想定し、顧客の損失、損害を防ぐのが宅建マイスターです。

試験の出題範囲は、売買契約と重要事項説明についてですが、宅建試験よりも範囲が広く、当然ながら難易度も高くなります。また、受験資格として宅建士となってから5年以上の実務経験が必要で、

5年未満の場合は、知識よりも実務に重点をおいている不動産流通実務検定〝スコア〟という検定で、1000点満点中600点以上取ることで5年以上の実務経験がある人と同等以上の実務力があると認められ、受験することができます。ちなみに、不動産流通実務検定〝スコア〟で600点以上を取る人の割合は約10％です。実務経験が長くても10％に入れない営業はたくさんいますので、受験資格にある「実務経験5年以上」は、単に年数が長いだけでなく、さまざまな顧客と多様な物件売買を行い、トラブルの対処や防止に関わるといった、かなり内容が濃い5年でなければなりません。

宅建マイスターの合格率は約35～45％ほどです。宅建より合格率が高いのですが、実務経験があるベテランで、なおかつ宅建士のトップクラスを目指す意気込みと能力がある人しか受けませんので、試験の難易度はかなり高いといえます。また、宅建マイスターの試験は毎年1月に、東京と大阪で行われます。地方の受験者は受験料のほか旅費も掛かりますので、その費用負担を承知のうえで受験していると考えると、約35～45％ほどの合格率はやはり難易度が高い数字といえます。

宅建マイスターは、宅建取得後の勉強とレベルアップに取り組んでいくうえで良い目標になります。また、宅建マイスターの合格者は宅建マイスターだけが入れるメンバーズクラブに入会できます。メンバーズクラブでは専用サイトが利用でき、最新の取引相談事例などを知ることができます。また、コロナ禍で延期になっていますが、宅建マイスターの集まりにも参加すれば、高度な専門性をもつ人たちとの交流を通じて、さらに知識を磨くことができます。

ちなみに、宅建士は士業のなかでも先生と呼ばれない士業ですが、宅建マイスターになると立場と見方が変わり、先生と呼ばれます。その点でも宅建士と宅建マイスターには大きな知識レベルの差があることが分かると思います。

また、宅建マイスターは比較的新しい資格で、合格者は800人ほどしかいません。5年ごとに更新する既存の宅建マイスターに加えて、毎年の試験で50～100人くらいずつ宅建マイスターが増えています。宅建士は全国に100万人以上いますし、毎年1万人以上の合格者がいます。この数と比べると、不動産関連の資格保有者として宅建マイスターは希少ですので、取得することで自分の価値向上につながります。

特に女性の宅建マイスターは少ないため、女性営業員として活躍していくうえで宅建マイスターの取得は大きな財産となります。

業界に提言する力をつける

宅建の上位資格に相当する宅建マイスターは、国土交通省の推奨を受けて実施する公益財団法人不動産流通推進センター認定試験であり、さらにそのなかに「宅建マイスター・フェロー」という認定制度があります。宅建マイスター・フェローは、宅建マイスターのなかでも特に高いマインドと能力をもち、不動産業界に有用・有益な意見を開陳された人であることを認定するものです（2022年度は新規認定者はなし）。フェロー認定を受けると、フェローで構成しているフェロー会議に参加でき、高度な討論、研究を行うことができます。

フェローに認定されるには、まず宅建マイスターに合格し、そのうえで3年以上が経過している必要があります。また、その期間で各種の勉強会に参加したり、さまざまな課題を提出したりするなどしてポイントを取得します。

ポイントが3つ以上になると、その年のフェロー認定で提示されるテーマについて論文を提出できます。論文のテーマは、例えば、私がフェロー認定を受けた第3回認定は「コンプライアンスと仲介業について」と「所有者不明不動産と仲介業について」のどちらかについて論じるというものでした。このうち、私は「コンプライアンスと仲介業について」を選び、コンプライアンスの徹底によって不動産業界の地位をどのように確立していくか、業界を牽引する宅建マイスターとしてどのように関わるかといった趣旨の内容としました。すべての論文は、その内容を大学教授や弁護士などが審査し、合格した人が宅建マイスター・フェローに認定される仕組みです。

コンサルティング分野での活躍も可能

宅建士の上位資格に相当する資格として、国土交通大臣登録証明事業の公認不動産コンサルティングマスター（公益財団法人不動産流通推進センター認定）という資格もあります。

公認不動産コンサルティングマスターは、不動産に関する幅広い知識をもつことを証明する資格です。不動産に関するプロとして、売買や賃貸の相談のほか、土地や建物の有効活用、不動産投資、不動産相続の相談などにも応えられる知識とスキルをもつのが公認不動産コンサルティングマスターです。

受験資格は、宅建士、不動産鑑定士、一級建築士のなかのいずれかの国家資格をもち、実務経験5年以上の者に限られます。不動産コンサルティング技能試験を受験し、これらの資格の登録者として5年以上の実績があれば、公認不動産コンサルティングマスターとして登録できます。

公認不動産コンサルティングマスターの試験は毎年11月に行われます。試験は二部構成で、午前中に50問の四択試験、午後は記述の試験を行います。四択試験の出題範囲は、事業、経済、金融、税制、建築、法律の6科目です。試験の出題範囲は宅建試験にはない科目で、宅建よりも広範囲の知識が求められます。記述試験は必修科目が3科目（実務、事業、経済）と選択科目（金融、税制、建築、法律のなかから1科目を選択）です。

合格率は40％前後です。宅建マイスターと比べると数字の面では簡単そうに見えますが、実際はかなり難易度が高いといえます。受験者は宅建士、不動産鑑定士、一級建築士の登録者で、すでに不動産に関してある程度の知識があり、なおかつ向上心をもって資格取得に臨んでいる人たちです。しかし、そのレベルの人でも40％しか合格できないほど難しいのです。

試験に合格し、公認不動産コンサルティングマスターとして登録後は5年ごとの更新があります。更新の要件には、不動産コンサルティングに関する研究報告を提出、不動産コンサルティング地方協議会が実施する不動産の専門教育を受講、「不動産フォーラム21」の掲載記事に関するレポートを書くか掲載記事関連テストに合格する、不動産コンサルティング地方協議会が実施する一定の自主研修会やスペシャリティ講座などを受講することなどがあり、このうちのいずれか一つを満たす必要があります。

また、公認不動産コンサルティングマスターは、認定者を対象として専門性をさらに特化するための2つのコースがあります。1つ目は、相続対策専門士コースで、相続税、相続法、相続がきっかけで争いが起きる争族を防ぐことなどに重点をおき、顧客の課題を解決する能力を伸ばします。このコースでは、3日間の講座を受講し、最後に行われる修了試験に合格すると相続対策専門士の認定が受けられます。認定後は、1年ごとに更新があります。相続対策専門士は2023年1月末時点で約

800人います。

2つ目は不動産エバリュエーション専門士コースです。エバリュエーションは評価という意味で、顧客の不動産の価値を把握したうえで、不動産の有効活用などについて提案する能力を伸ばします。このコースでは、3日間の研修を受けたあと、課題に基づく評価書を提出して合否が判定されます。認定後は相続対策専門士コースと同様に1年ごとの更新が必要です。不動産エバリュエーション専門士は2023年1月末時点で約200人います。

公認不動産コンサルティングマスターは、その名称のとおり、コンサルティングに役立つ知識を網羅します。売買営業として働く側から見ると、例えば、将来的には売買にとどまらず、不動産の投資や運用分野でキャリアを伸ばしたいと考える人、相続関連の売買に強い営業になりたいと考える人などは、公認不動産コンサルティングマスターを取得することで営業としての価値を高めることができます。また、不動産は資金調達の方法や投資スキームなどが複雑化している業界です。公認不動産コンサルティングマスターとして経済、金融、税制などの知識を広げていくことで、より多くの相談に乗ることができ、それも自分の価値向上につながります。

高い目標をもって勉強を継続

宅建マイスターや、さらにそのうえで認定される宅建マイスター・フェロー、公認不動産コンサルティングマスターは、リスク予見ができる、業界改善の提案ができる、売買の枠を超えた幅広いコンサルティングができるといった点で一般的な宅建士と明らかに差別化されます。また、一般的な宅建士よりも高度な知識とスキルがあるという信頼性から、他社が行った売買契約の内容などについて、不備があるのではないかと相談を受けたり、第三者目線で確認してほしいといった依頼を受けたりすることがあります。世の中には契約書作成や重要事項説明を適当に行っている不動産会社があり、そのせいで顧客が迷惑しているケースがあります。

私が相談を受ける内容は、肌感覚として7割が重要事項の説明に関するものです。また、相談者が持ってくる契約書などを見ると、ほぼすべての書類に記載漏れや間違いがあり、説明不足の部分もあります。

リスク予見については、相談者が購入を検討している土地が産業廃棄物の埋立地であったり、土砂災害警戒区域に指定され、建築不可になる可能性があったりします。これらは宅建士が現地調査と役所調査で把握しなければならないことで、例えば、産廃の埋立地は広報などに住所が出ていますので調べることができます。

しかし、実際には宅建士の調査能力が低く、詳細まで調べていません。悪質なケースとして、不動産会社にとって不都合な情報を隠している場合もあります。この状況を変えていかなければ誰もが安心して不動産を売買できる時代にはなりません。

宅建士は、宅建士になって終わりではなく、より高いモラルを実践できる人を目指して勉強することが大事です。顧客との付き合いも、物件を売って終わりではなく、そのあとも信頼され、相談を受けるような存在になることが大切です。

私がフェロー認定を受けた際の論文でもコンプライアンスと仲介業について論じましたが、売り手も買い手も全員が自分の身内のつもりで関わること、そのためにリスク予見と正しい宅建士の知見を発揮していくことが求められます。宅建士の登録は一生有効で、更新を怠らない限り、一度登録したらずっと宅建士を名乗れます。

一方、宅建マイスターは5年ごとの厳しい更新要件があり、知識をブラッシュアップしておく必要があります。これは制度をつくっている公益財団法人不動産流通推進センターの良いところで、能力向上の努力をしない人には宅建マイスターを名乗らせないという格式の高さをもっています。その点でも、宅建士の先のキャリアとして、宅建マイスターを目指すのは良いことだと思います。

自己防衛のためにも知識が重要

売買営業としてキャリアアップしていくためには、継続的な勉強と、その成果を証明する高度な資格を通じて、最終的には顧客にどれだけ信用されるかが重要なポイントです。そもそも現状は重要事項説明や契約書類の不備がたくさんあります。それが表に出て宅建業法違反となれば、宅建業法にも明記されているように、指示処分（宅建業法65条1項・3項）、あるいは1年以内の業務の全部または一部停止の処分（65条2項2号・4項2号）、さらに情状が重い処分として免許の取消処分を受けることがあります（66条1項9号）。

顧客との民事訴訟なら賠償金で解決できるかもしれませんが、場合によっては刑事事件となり検察庁に送られ、宅建業法違反で起訴されることもあります。その場合はたとえ1000円の罰金でも宅建免許取り消しとなります。宅建士が路上でスピード違反など道路交通法違反をして罰金を払っても業務にはなんの支障もありませんが、宅建士や宅建業者が宅建業法に違反すると宅建士・宅建業者としてのキャリアを失うくらい非常に重い罰則が科せられるのです。

ちなみに、宅建業者は民事訴訟はほとんど気にしません。過去にも地裁で17年前の重要事項説明書が間違えていたということで損害賠償命令を受けた業者がいますが、ほとんどの不動産会社は訴訟対策として保険に入っているので、重要事項説明を間違えたり説明が足りなかったりしたことなどが原因で賠償金が発生しても保険金で対応でき、免許取り消しのような業務へのダメージもないのです。

言い換えると、業務へのダメージが軽いせいもあって、現状の売買営業や宅建業者の仕事は雑な仕事をしていることが多いということです。余計なことをして問題を起こさないほうが得、という意味で「寝た子を起こすな」という格言があります。不動産業界もこれに似たところがあり、重要事項説明が不十分でも、35条書面（重要事項説明書）や37条書面（契約内容記載書面）に不備や間違いがあっても、買い手が気づかなければ問題ないという意識が一部の業者で根付いています。寝た子を踏みつけるような海千山千の悪徳業者もいるほどで、知識のない買い手は黙っていると踏みつけられます。

この状況に目をつけて、宅建を取って乗り込もうとしているのが弁護士です。弁護士は、買い手側に立って重要事項説明の間違いを指摘することで賠償金を得られ、その成功報酬を取ることができます。さらに、弁護士は刑事処分を求めることもできます。先に行政処分が出されれば、行政処分を受けた悪い業者だというお墨付きになり、民事訴訟も有利に進みます。そのような展開を見据え、ミスが多い不動産業界をブルーオーシャンだととらえ、宅建を取る弁護士が増えているのです。

これは不動産会社や宅建士にとって恐怖でしかありません。宅建士は重要説明事項に責任をもつ立場なので、従来の感覚で適当な仕事をしていると行政処分の対象になる可能性があります。刑事事件として起訴された場合、たとえ罰金１０００円だったとしても最悪のケースとして宅建免許取り消しになる可能性があるわけです。

このリスクを避けるには、正確な説明と間違いのない書類作成が求められます。そのためには、宅建マイスターなどがいる不動産会社で正しく業務をして、さらに正しく業務を学ぶことが大事です。

また、共同仲介にも注意しなければなりません。共同仲介は、物件の売り手と買い手それぞれに仲介会社がつく取引（手数料でいうと片手取引の仲介）です。もし共同仲介で売却した物件に契約の不備などがあった場合、その原因が相手側の仲介会社にあったとしても、裁判では契約行為は不真正連帯債務で共同責任となる可能性があります。自分たちのミスではありません、自分たちは正しく業務をしましたと言っても、その会社と並んでハンコを押すことによって同罪となってしまう可能性があるということです。そのため、仕入れと売却が両方できる単独仲介のスキルを身につけることが大事なのです。

このようなことも売買営業として成長していくうえで押さえておかなければならないポイントです。要するに、自分の身は自分で守らなければならず、そのために知識をつけ、スキルを磨き、宅建取得後も継続的に正しい勉強をしていくことが大事なのです。

宅建の次または同時に学ぶべき正しい勉強法

正しい勉強法がなかなか思い浮かばないという人は多いですが、正しい方法で勉強することで必ず必要な知識を身につけることができます。そのなかでも、私が取り入れるべきだと考えている3つの勉強法があります。

①関係法令について学ぶ場合
不動産ジャパンのホームページを開き、画面右側の「国土交通省　最近の動き」をクリックする。

この情報を逐一確認するだけで、最低限の法令関係のアップデートは可能です。なぜなら、宅建の所管は国土交通省になりますので、同省の動きは必ず把握する必要があるのです。また、条例については各都道府県のホームページを参照する必要があることはいうまでもありません。

②継続した学習をするために
継続した学習を常に行うためには、公益財団法人不動産流通推進センターが運営しているフォローアッププログラムが最も効率的です。これは宅建取引士になりたての人から宅建マイスターを目指す

人まで幅広い層を対象に、自己研鑽に前向きな人が自主的に参加できるサイトです。また、同サイトは中堅からベテランまで、不動産流通業に携わる人に役立つ知識とスキルのブラッシュアップのための継続学習の場として開催する「フォローアップ研修」となっています。

内容は会場型、動画配信型、オンライン型など多彩な講義形式があり、受講により宅建実務に携わる人に、より深く理解し、実務対応力を身につける機会が提供されています。当然費用は掛かりますが、宅建取得のために予備校へ費やすのと比べてみても決して高価ではありません。むしろ、これだけの内容のものを別々に学習するコストを考えると安価であるといえます。

③宅建マイスターが在籍している不動産会社を探したいとき

公益財団法人不動産流通推進センターのホームページにある「不動産のプロフェッショナル」のサイトを見ると、公認不動産コンサルティングマスター、宅建マイスター（宅建マイスター・フェロー）の一覧を確認することができます。

また一覧の詳細から、その人が所属している不動産会社のホームページへ画面を切り替えて確認することができます。直接、宅建マイスターに連絡を取ることが可能なので、必要であれば思い切って連絡を取ってみるのがよいです。上級宅建士ともいわれる宅建マイスターの知見を実際に体感できると思います。

不動産に関する学習意欲のある人は、公益財団法人不動産流通推進センターのホームページを閲覧してみるのが正しい勉強法への近道です。実際に①・②・③すべてが同センター関連のものですし、不動産流通実務検定〝スコア〟もこのサイトから見つけることができます。

不動産業界は業界4団体（全宅連、全日、FRK、全住協）ありますが、同センターは4団体のどこにも偏っておらず、ニュートラルな状態です。つまり中立的な立場で業務を遂行して物事を判断しているため、私は何か困ったら各業界団体よりも頼りになる存在だと考えています。

第4章

資格取得でスキルを高め、さらなる高収入を実現 不動産売買営業でいきいきと働く女性たち

売買営業として活躍し成長を続けていくためにはどんなことを学ぶ必要があるのか、どんな人がどんなふうに活躍しているのか、実際に私の会社で働いていた（働いている）女性を例に、売買営業で稼ぎ楽しくキャリアアップを実現するポイントを見てみます。

［ケース1］ 真面目に勉強を続けて高収入を実現

【Kさん・30代　賃貸営業から転身】

●自宅で資料作りをする努力家

元銀行員で、その後賃貸営業を経て、私の会社に入社した30代のKさんがいます。Kさんは入社してすぐに年収1000万円稼ぐようになり、今は結婚したためリモートを通じて私の会社のウェブ管理などを担っています。

Kさんと最初に会ったのは、私が独立前に勤めていた不動産会社で賃貸営業の統括部長をしていたときのことです。Kさんは、賃貸部門の派遣社員として事務の仕事をしていました。

Kさんの仕事ぶりを見ていてまず感じたのは、仕事が速く、正確だということでした。几帳面な性格で、周りの人への気遣いもできます。さらに見た目も清潔感があり、美人です。

私は事務職にしておくのはもったいないと思いました。営業として活躍できる素質があると直感し、会社（人事部）に話をして賃貸部門のオーナー向け営業をしてもらうことになったのです。

オーナー向け営業は、オーナーが持つ物件の管理を任せてもらったり、空室を埋める客付けや、収益性を高めるための家賃設定の提案などを行ったりします。なかには新たなアパートの購入を考えている人、手持ちのアパートの売却を考えている人もいますので、そのような場合のサポートも行います。

このようなやり取りの際に重要なのは、オーナーの意向をきちんと聞くことです。賃貸物件のオーナーと営業はパートナーのようなものですから、課題を聞いて、解決策を一緒に考えて、オーナーに寄り添いながら信頼関係を築いていくことが重要です。私が見込んだとおりKさんにはその素質がありました。人当たりが良いだけでなく、資料作りも丁寧で、すぐに営業として頭角を現したのです。

ちなみに、オーナー向けの提案書などを会社で作る営業は多いのですが、Kさんは自宅で資料作りをしていました。勤務時間はオーナーと接する時間で、アポイントを取ったり相談を受けたり、資料作りで時間を使うのはもったいないと考えて、営業には直接的につながらない事務的な作業は勤務時間外でやっていたのです。

不動産業界全体を見渡して、ノルマが達成できない、成績が伸びないと悩んでいる人のほとんどは行動量が足りていないと私は思っています。気合いと根性で働くべきだとはいいません。しかし、十分に稼ぐためには、そのために必要な仕事をこなさなければならず、成績が良くない人ほど、ノルマがきつい、給料が少ないと言いつつ、自由に使える時間で遊んでいることが多いのです。

一方、成績を伸ばす人は空いた時間を仕事、スキルアップ、勉強などのために有効に使っており、Kさんがまさにその好例です。その根底にあるのは仕事に対する本気度の違いだと思います。Kさんはその点で評価できる女性営業員で、努力がしっかり成績に反映されたのです。そういう真面目さもあって、営業部門に移って1、2カ月でトップ営業になりました。管理を任せてほしい、うちで売却させてもらうとごり押しする威圧的な営業マンがほとんどだったなかで、Kさんの女性らしさを活かす営業が評価されたのです。

不動産営業の報酬は、社員の場合は基本給があり、その上に成績に応じた歩合給が乗る仕組みです。社員以外の人は基本給がないか、あっても少額で、完全歩合制に近い仕組みになっています。そのため、派遣として働いていたKさんの収入も大きく増えました。オーナーが喜び、会社も売上が増えて喜び、Kさんも収入が増えて喜ぶという三方よしの状態になったのです。

その後、Kさんは別の会社に不動産営業として転職し、さらに収入を伸ばすことになります。当初は、経験なし、宅建資格なしの自分が営業なんてできないだろうと思っていたそうです。しかし、実際には収入面でもキャリアの面でも成功しました。この例からも分かるように、重要なのは営業力であり、威圧的な営業マンばかりの環境だからこそ女性営業員は優位なのです。

●仕事のミスで賃貸営業を辞めることに

Kさんには営業で成功する素質があります。実際、成績も出ていました。ただ、一つ課題だったのは宅建の資格をもっていなかったことです。

事務職から営業に急に移動になったわけですから、もっていないのは当然です。Kさんは性格的にも、人と接するのはうまいのですが勉強は苦手意識があったようで取ろうと思うのですがなかなか取れません。また、宅建試験は10月で、引っ越しが増える9月から10月は賃貸営業の繁忙期と重なるため、環境的にもなかなか勉強に集中できない状態でした。

そうこうしているうちに、仕事でミスが起きます。厳密にいえばKさんのミスとも言い切れないのですが、ある物件に反社会的組織を入居させる契約をしてしまい、それが原因で会社に居づらくなってしまったのです。

これは賃貸営業がつまずく一つのパターンです。反社会組織は、当然ながら、自分たちが反社会組織であることを隠して入居しようとします。例えば、人材派遣業です、ITベンチャーですと偽って借りようとするわけです。しかし、実態は反社会組織の事務所や拠点として借りるわけなので、コワモテの人たちが出入りするようになります。出張型風俗サービスで、女性たちの待機場所として借りるケースもよくあります。こうなると、同じ建物に入居している人や店も嫌がりますし、反社会的組織に拠点や稼ぎ場所を提供しているとなれば不動産会社としてコンプライアンスの問題にもなります。

Kさんは、ここでつまずきました。契約相手が反社会組織だと見抜けず、入居契約をしてしまったわけです。

ちなみに、このようなリスクを予見するのも宅建マイスターに求められる役割の一つです。不動産取引は契約重視の社会ですから、契約する前にどこまでリスクを見抜けるかが重要です。このようなケースであれば、入居申込みを受けたときにどういう会社なのかを調べなければなりません。できたばかりの人材派遣会社は注意したほうがいい、ホームページがない企業は気をつけたほうがいいといった視点をもつことで、Kさんのようなミスは防げる可能性があるのです。

このケースでは、最終的に入居を認めたのはKさんの上司ですし、重要事項説明なども宅建士である上司が行ったはずです。また、賃貸業界の実態として反社会組織ではないかという疑いがある状態で、あえて入居させることもあります。空き家はオーナー共通の悩みのたねで、収入がないため維持管理費分の赤字になります。長期の空き家になるとどうにか埋めたいという気持ちが強くなり、営業も空き家を埋めなければならないという使命感が強くなります。そういう事情から、なんとなく怪しいとは思いつつも入居させることがあるのです。

Kさんが勤めていた会社は名の知れた大手不動産会社でコンプライアンスがしっかりしていたため、入居契約が済んだあとに反社会組織であると分かった時点で入居を拒否することになりました。入居者がサインする契約書には反社会組織でないというチェック項目があり、そこに嘘があったという点を盾にして入居拒否としたわけです。

これが原因で、入居拒否された人たちが因縁をつけに会社に乗り込んできます。それを防ぐために地域の警察に相談することになり、トラブルが大きくなっていきます。

最終的な責任は入居契約を結んだ上司にあるわけですが、Kさんはトラブルの原因をつくったことに責任を感じ、その会社に居づらくなり、辞めることになったのです。

●賃貸での経験を活かしてさっそく活躍

Kさんがそのような不遇の状況で悩んでいるなか、私は会社を辞めて独立し、売買の営業で会社を伸ばしていこうと取り組んでいました。そこで、Kさんに売買営業をやってみないかと提案し、社員として迎え入れることになったのです。

Kさんは賃貸営業しか経験がありませんでしたが、持ち前の営業力を発揮して、売買営業でもすぐに成果を出しました。賃貸でも売買でもオーナーの信頼を得る大切さは同じです。しかも、賃貸営業の経験はKさんにとってプラスになります。賃貸業務で100人近いオーナーとのつながりをつくっていたため、そのつながりを活かして、物件を増やす、売却するといったことができたのです。

賃貸営業でオーナー向け営業をしていた経験者は、前職の業務で変な仕事のクセさえついていなければ、つまり、売買営業として法律などや、正しい営業のやり方を素直に学ぶ気持ちがあれば、売買の営業でも必ず成功します。保険やその他の商品を売っていた営業より、不動産業界について多少の土地勘やオーナーとうまく付き合うノウハウがあり、ブラックに近いグレーな環境を耐えてきた粘り強さがあるという点で成功できる可能性が高いといえます。これは私が勝手に思っていることではなく、Kさんのような成功例を見てきた結果としていえることです。

Kさんには宅建の資格がなく、売却時に必要となる重要事項説明などができないので、入社当初は物件の仕入れを担当してもらうことにしました。新たにアパートを建てたい建築会社などに向けて、そのための土地を仕入れる仕事です。

ただ、広い土地はなかなかありません。都市部に行くほど空き地そのものがありませんし、都市部から離れればいくつか空き地がありますが、周りに田んぼしかないような田舎にアパートを建てても入居者は来ません。古いアパートが建っている土地でもよいのですが、新たにアパートを建てるにはいったん更地にしなければならず、取り壊し費用が掛かります。

そこでKさんは倉庫や工場の売り物件を探しました。アパート用の土地は不足していますが、倉庫や工場はわりとあります。工場は土壌汚染に注意が必要ですが、倉庫は広さも十分ですし、簡素なつくりなので古いアパートより取り壊し費用も抑えられます。

この案を思いつく人はなかなかいないと感心しました。実際、アパート用に使える土地もいくつか見つかり、Kさんが仕入れた倉庫などの土地を建築会社に売却するスキームが出来上がりました。

●熱心な姿勢がオーナーの信頼獲得につながる

結局、Kさんは結婚を機に退社するまで宅建を取得できませんでした。しかし、オーナーからの信頼は厚く、いくつもの案件を担当しました。

信頼された理由をもう少し掘り下げると、まず努力家だったことが大きな要因だと感じます。これは賃貸営業時代に自宅で資料作りをしていたことにも通じますが、Kさんはとにかく手を抜きません。

賃貸営業だったときを振り返ると、空き物件を埋めるために、入居者募集ののぼりを立てる、チラシを配る、周辺の会社（企業）に片っ端から飛び込み法人営業を掛けます。一般的に、空室を埋めるための客付け営業は、ショップで顧客が来るのを待つカウンター営業が中心ですが、Kさんは自分にできることをなんでもやるタイプでした。

そういう取り組みの姿勢はオーナーにも伝わっているため、信頼されます。空き家が埋まらないため、家賃の減額を検討してはどうかとオーナーに提案した場合も、オーナーは納得してくれます。君がそこまでやってもダメなのだから、減額するしかないと納得し、快く応じてくれるのです。

今の世の中、ほとんどの不動産会社は入居者が埋まらなければたいした努力もせずに、すぐ家賃を下げようとします。Kさんのようにやれることはすべてやり、最終手段として家賃の値下げをするというオーナーファーストを貫ける営業は少ないと思います。

また、オーナーの課題に親身になって応えるのも上手でした。例えば、あるオーナーから、新たに事業用アパートを買いたいのだが、手持ちの物件で融資の枠がいっぱいのため、これ以上の借り入れができないという相談を受けたことがあります。このときも、オーナーがもっている物件を見せてもらい、そのなかでいくつか売ってもよいものを一緒に選び、売却して借入金を減らすことで融資の枠を回復させました。オーナーが融資状況について話してくれたのも、手持ちの物件について詳細を見せてくれたのもKさんが親身になって相談を聞き、信頼されていたからです。

もう一つ特徴的なのは勉強熱心だったことです。Kさんは前職で営業担当となってから自腹で不動産関連や営業関連の本を買い、読み漁っていました。私の会社に来てからは勉強のための本は経費で買うように伝えましたが、年収1000万円になってからも勉強は続きました。Kさんが入社したとき、社内にある不動産関連の書籍はせいぜい5冊くらいだったと思います。しかし、今は本棚に200冊以上並んでいます。これらはすべてKさんが勉強のために買った本です。その熱意を資格取得に向けていればおそらく宅建も取れただろうと思いますが、Kさんにとっては資格よりも営業そのもの、オーナーから信頼されること、役に立つこと、その結果として収入を増やしていくことのほうが優先順位が高かったのだろうと思います。

［ケース2］　強い向上心で無資格から宅建マイスターへ

【Mさん・20代　保険営業から転身】

●経済的に自立したい

私の会社には、福岡県で初の宅建マイスター認定を受けたMさんという女性営業員がいます。Mさんは大学卒業後に保険会社に入社しました。保険会社の職場環境や給料などに特に不満があったわけではないのですが、似たような商品を似たような顧客に営業する仕事が徐々につまらなく感じるようになり、不動産業界への転職を決意したのだそうです。

しかし、転職活動をしてみるとどこの会社も宅建の資格が必須で、なかなか採用されません。宅建がない場合は賃貸営業で経験を積みながら宅建取得を目指してくださいという会社もあり、採用されるためには予備校に通い、宅建を取らないといけないのだろうと考えていました。

そのような状態のときに、私の会社に面接にやってきました。私の会社は資格より営業力を重視します。逆にいえば、宅建士であっても営業力がなさそうな人は採用しません。

面接してみるとMさんの言葉、姿勢、目の輝きから必ず不動産のプロになるという明確な意志を感じました。年齢もまだ20代で、知識の吸収力にも体力にも期待できました。面接は短時間ですが、本人のやる気は伝わるものです。この人なら成長するだろうと思って私の会社の営業に加わってもらうことにしたのです。

面接では、なぜ売買営業なのかと聞きました。するとMさんは、女性一人でも自立して仕事ができる仕事がしたい、そのために、より多くの収入と大きなやりがいを実感できる売買営業がしたいと答えました。

一方、私は会社の業務内容について説明し、想像しているよりハードな仕事かもしれないと伝えていました。意志、想い、覚悟、勇気が中途半端だと途中でドロップアウトするかもしれないとも伝えました。これはMさんに限ったことでなく面接に来る人すべてに伝えています。

脅すわけではないのですが、子育てしながらパート感覚で働いてみたいという人は、おそらく成長できませんし、期待どおりの収入も得られません。会社としても、営業には売上を上げてもらわなければなりません。成長意欲がない人、成長のために努力できる人でないと当人も会社も得にならないため、そういう人を牽制する意味も込めて、あえて面接では厳しく伝えているのです。

不動産会社は、その会社の規模や事業内容によって営業が任される仕事の質が変わります。新築の戸建て住宅のみ扱う会社では中古物件や収益物件のアパートの売買スキルが身につきませんし、売却のみの会社であればオーナー向け営業や仕入れのスキルが身につきません。

私の会社は中古物件も一棟アパートも土地も畑も売買しますし、収益物件も相続も扱います。そのためには他社の営業より勉強も仕事も集中して取り組む必要があります。しっかり稼ぎたい、キャリアアップしたい、不動産のプロになりたいという意志と、人と話すのが好きで不動産営業を真剣にやりたいという強い思いがなければ、私の会社では一人前の営業として仕事ができないのです。

言い換えれば、そういう環境だからこそ他社よりも早く成長でき、収入も増えやすくなります。仕事の密度が濃いため、学ぶことが多い分だけ成長スピードも速くなるのです。

そのような話をすると、厳しそうだ、私には無理だと思って辞退する人も少なくないのですが、Mさんは違いました。むしろ、10年掛かるキャリアを数年で築けるという点に興味をもち、絶対に成長する、不動産のプロになると断言してみせたのです。

●通勤時間を勉強時間にして一発合格

入社後、Mさんはさらに成長意欲が増しました。Mさんは保険会社勤務のときにファイナンシャル・プランナーの資格を取得していましたが、宅建はもっていません。不動産のプロを目指すのであれば宅建は必須です。そこで、会社が費用を出して予備校に通ってもらうことにしました。仕事と勉強の両立は時間的にも体力的にも厳しいのですが、20代のMさんならできるだろうと思ったのです。

また、私の会社が入居している建物は、1階が店舗、2階が事務所、3階から上が居住用になっています。たまたま1つ部屋が空いたため、Mさんにそこに住んではどうかと提案しました。家と会社が同じ建物内なら通勤時間が大幅に短縮でき、その分を勉強に充てることができます。その案にMさんは賛成し、さっそく引っ越すことになりました。

このような工夫と本人の努力が実り、入社10カ月目で受験した全宅連の不動産キャリアパーソンは満点で合格しました。その後、宅建の予備校に入学し、入社1年半後に宅建を受験して、これも1回で合格しました。

年齢が上がると勉強と縁遠くなるため、知識吸収のスピードが落ちやすくなります。特に宅建のように暗記ものが多い試験は難しくなります。しかし、Mさんは20代で、数年前まで学生でした。詰め込み型の勉強から離れてそれほど時間が経っていなかったこと、通勤の時間ロスがなくなって勉強に集中できるようになったことなどが奏功して、最短スピードで宅建取得まで駆け抜けたのです。

もちろん、その間も仕事はしっかりこなしています。女性の素質が威圧的な営業マンのなかで際立っただけでなく、若くて努力家の人はオーナーに応援されます。宅建の知識がある信頼感と、若いのに知識があるというギャップでオーナーの評価も高くなります。結果、入社して数年後には年収

600万円超となり、入社時の目標だった経済的自立とやりがいある仕事を両方手にすることができたのです。

●知識不足を実感して宅建マイスターを目指す

これだけでも十分に優秀なのですが、Mさんの挑戦はさらに続きます。入社4年目、当時はまだできたてだった宅建マイスターになりたいと言い出したのです。

私はすでに宅建マイスターになっていたので、それがきっかけで興味をもったというのもあります。一方で、Mさん自身も実務経験を重ねていくなかで宅建の知識だけでは足りないと実感していたのです。宅建士は、法律上は重要事項説明、35条書面の記名・押印、37条書面の記名・押印ができます。しかし、物件を購入する顧客により満足してもらうためには、宅建士のレベルを超える知識が必要だと感じたのです。

そう感じた詳細を少し補足すると、宅建士として実務をしていくなかで、Mさんはいくつか小さな失敗をしました。訴訟や裁判になるような失敗ではありませんが、重要事項説明に関わる調査が甘かったり、説明が不十分なことがあったり、それが原因で希望者やオーナーに迷惑を掛けたことがあったのです。

例えば、あるアパートの売却で、敷地内に収まっていなければならない水道管が隣の敷地内に埋まっていることがありました。この土地には一人のオーナーが所有するアパートが2棟あり、公道下の上水道本管から1本の上水管が建物につながっていました。アパートを建てた工務店は、同じオーナーの建物だからということで、公道から1本の上水管を引っ張り、それを敷地内でA棟、B棟に分岐させる方法で建てました。そのほうが工事費用が安くなるのです。

その後、アパートのオーナーが2棟のうち1棟を売却しようと考え、Mさんに依頼しました。この場合、本来はアパートごとに上水管を引く必要があるので、アパートと公道下の上水道本管をつなぐ工事をしなければなりません。しかし、Mさんはその調査を見落としてしまいました。アパートと上水管がつながっているものだと思い込み、その前提で重要事項説明を行い、その後、実際にはつながっていなかったことが発覚するのです。

そのせいでMさんは購入者の信用を失い、契約は白紙になりました。購入に向けて資金準備などをしていた買い手にも、売却を希望していたオーナーにも迷惑を掛けることとなったのです。

Mさんはこの経験から、きちんとした不動産調査をするために今の自分の知識では足りないと考え始めました。より高度な知識をもち、もしかしたら上水管が地中で分岐しているのではないかといったところまで予測を立てられるレベルになってようやく顧客の役に立てるのだと実感し、不動産のプロとして社会的使命を果たすため宅建マイスターになろうと決めたのです。

●福岡県初の女性宅建マイスターが誕生

宅建マイスターを目指すと決めたもう一つの理由として、福岡県内に女性の宅建マイスターがいなかったことも関係しています。宅建マイスターそのものが当時は全国に700人くらいしかいない希少な資格でしたし、その多くは東京の人で、福岡ではまだ宅建マイスターを目指す人も、宅建マイスターの存在を知っている人も少なかったのです。

そのような状況なら、今から目指せば自分が女性でいちばんになれます。福岡県初という肩書きは自分の価値向上につながりますし、オーナーや買い手が「宅建マイスターってなんだろう」と思い、宅建士の上級資格に相当するものだと伝えられれば、信頼度も高まり、自分のセールスポイントになります。会社としても身内から福岡県初の女性宅建マイスターが誕生するのはうれしいことです。

そう考えて、私はMさんの目標を全面的に支援することにしました。自主学習に掛かる費用を支援し、宅建マイスターの試験は東京都と大阪府でしか実施していないので、出張扱いにしてその費用を支援しました。もちろん、当人は引き続き業務と勉強を両立させるわけなので今まで以上の努力をしました。

その結果、宅建マイスターの受験資格が得られる宅建合格から5年後、見事試験に合格し、福岡県で女性初の宅建マイスターとなったのです。

Mさんはその後、2度目の出産・育児休暇に入りましたが、子育て中に営業の勘が鈍らないように個人でコツコツと勉強しています。不動産業界は法律改正がよくあるため、その分野の情報収集とキャッチアップもしています。

また、Mさん自身はさらに先も見据えています。今後のキャリアプランについて聞いたところ、Mさんは不動産営業にとって最高位ともいえる公認不動産コンサルティングマスターの取得を目指していると言いました。

公認不動産コンサルティングマスターは、不動産関連の知識にとどまらず、経済や金融などの知識を増やし、資産運用などに通じるコンサルティングができる能力を証明するものです。宅建マイスターがリスクの予見を通じた守りの資格であるとすれば、公認不動産コンサルティングマスターは積極的な投資や不動産活用などまで含む攻めの資格といえます。Mさんのように不動産のプロを目指すのであれば、守りの盾と攻めの矛のどちらかだけでは片手落ちになるため、両方もつことが重要です。そのようなキャリアプランをイメージして、Mさんはさらに上の資格取得を目標としているのです。

私の考えとしても、Mさんには、まず子どもをしっかりと育ててほしいという思いもありますが、キャリアの面では公認不動産コンサルティングマスターを取得してほしいと思っています。資格の難易度としては宅建マイスターよりさらに高くなり、更新条件も厳しくなります。しかし自立した女性として成長を続けていくだけでなく、不動産営業は女性が輝ける業界であると世の中に示し、男社会で昭和の慣習が残る不動産業界を変えるための一助となってもらうためにも、最高峰の資格を取得してほしいです。年齢、賢さ、努力する姿勢などあらゆる面において、Mさんであれば十分に達成可能な目標だと思っています。

そこまでいけば、資格の面ではゴールであり、その後のキャリアはMさん次第です。資格的に最高峰までたどり着くことで、キャリアの選択肢も広がっているはずです。また、独立という道もあります。あるいは、現場の営業として今まで以上に楽しく稼ぎ続けることもできます。宅建マイスターや公認不動産コンサルティングマスターは資格を認定している各協会などで講演をしたり宅建士向けの講義をしたりすることもあるので、そのような活動を通じて業界の発展に貢献していく道もあります。

いずれにしても決めるのはMさんであり、まだ30代であることを考えると可能性は無限です。もとは宅建資格もない女性でしたが、今ではあらゆるキャリアの可能性が広がっています。このような未来を自分の力で切り抜けることも売買営業の魅力なのだと思っています。

［ケース3］　会話力を武器に華麗にキャリアチェンジ

【Nさん・40代　クラブ勤務から転身】

●夜職から昼職に転向したい

福岡には、日本三大歓楽街の一つといわれる中洲という街があります。その名のとおり、那珂川と博多川に挟まれた中洲で、夜になると市内で働く人たちはもちろんのこと、観光客も多く訪れ、大変にぎわう街です。

Nさんは、この中洲のクラブで働いていた女性です。面接に来たときは高校生の子どもをもつシングルマザーで、その前は化粧品販売や保険営業の仕事をしていましたが、生活費や子育て費用を稼ぐには夜の仕事のほうがよいと考え、以来、約10年にわたって仕事と子育てを両立してきました。

売買営業を志望した理由は、夜の仕事から昼の仕事に転向したいと考えたためです。Nさんは見た目が良く、顧客からの人気もありますが、夜の世界では若い人のほうがモテます。40歳を超えて、接客業で働く限界が見え始めました。体力的にも昼夜逆転の暮らしが厳しくなり、一方では子どもが大きくなって子育ての手間が軽くなってきたことから、人生の大きな転機として未経験の不動産売買に挑戦しようと考えたわけです。

営業の仕事は、人と話すことが好き、会話が上手、特に相手の話を聞くのがうまいことが武器になります。Nさんを含め夜職の接客業をしている人はだいたいこの能力に長けています。特にNさんは10年のキャリアがあります。コミュニケーション力が高くなければ長く勤めることはできませんし、10年掛けてさらにスキルを磨いています。

そう考えて、私はNさんが営業として成功できると思いました。さらにいうなら、不動産業界は気合いと根性を求める風土がいまだに残っていますし、私の会社の仕事も新築営業などと比べてハードですが、Nさんはシングルマザーとして子どもをしっかり育ててきた実績があります。その苦労を乗り越えてきたのですから仕事上で多少の苦労があっても乗り切れると思い、その点にも期待して、Nさんを採用することにしたのです。

ちなみに、面接は会社の近くの喫茶店で行いました。普段は会社で面接するのですが、事前に読んだ履歴書で夜職の人だと分かっていたため、格好などを考慮して社外で会うことにしたのです。

これは私の完全な勘違いで、面接に現れたNさんの格好は普通でした。面接なのですからちゃんとした格好で来るのは当たり前といえば当たり前なのですが、夜職の人の派手さなどがなく、この人ならオーナーにも好印象をもってもらえるだろうと感じました。

●接客を通じて見識を広げた

Nさんが期待以上だったのは、不動産オーナーの特徴や考えの傾向についてよく知っていたことです。夜の店にはいろいろな職業の人が行きますが、基本的にはお金がある人が多く、不動産オーナーもそのなかに含まれます。そのため、Nさんも過去に不動産オーナーや地主に多く接する機会があり、不動産経営がどういうものなのか、どういう暮らしをしているのか、どんな趣味の人が多く、どんな話題を好むのかといったことを理解していたのです。

例えば、福岡空港の土地の一部は、国がその土地の持ち主から長期で借りています。福岡空港は、もともと旧陸軍の飛行場として造られ、終戦とともに米軍管理下になり、板付飛行場となりました。その後、民間飛行場として福岡空港になりますが、今も敷地内には米軍板付基地があります。

その頃から土地を貸している人たちは、親子2代、または3代にわたって国から土地代を受け取っています。彼らは一部では空港成金と呼ばれ、一般的な会社員とは金銭感覚も仕事に対する意識も異なります。そういう人たちと接してきたため、Nさんは、ある種独特で風変わりな昔からの地主についてよく理解していました。

また、彼らがクラブに来ると田んぼにアパートを建てた、アパートを売却したといった話で盛り上がります。クラブでも何十万というお金は動きますが、彼らの周りでは3億で建てた、5億借りた、2億で売ったなど桁違いのお金が動いています。そのような話を聞いているうちに、Nさんは不動産に興味をもつようになりました。クラブのなかで常連さんと接する日常から飛び出して、大きなお金がダイナミックに動く世界に身をおきたいと考えるようになったのです。

これも売買営業の魅力の一つです。賃貸や居住用マンションの販売などは別ですが、アパートやマンションを一棟単位で売買したり、広い土地を売買したり、普通に暮らしていくなかでは知り得ない世界と触れることができ、見識を広げるきっかけにもなります。

そのためには、オーナーや地主がどういう人なのかを理解し、彼らと会話できるだけの予備知識が必要です。その点でNさんには優位性があり、オーナー向け営業で活躍できる可能性を秘めていたのです。

●パソコン教室で基本操作を学ぶ

Nさんは不動産業界で働いた経験がなく、宅建ももっていません。ただ、私はまったく問題ないと思いました。Nさんだけに限らず、宅建がなければ売買営業をしつつ宅建の勉強もすればよいと思っていますし、そのほうが実務と勉強がリンクし、知識が身につきやすいとも思っているからです。

ただ、問題はパソコンが使えないことでした。エクセルやパワーポイントはもちろん、電源を入れたり消したりする基本動作も分かっていなかったのです。

これはさすがに困ります。営業は顧客情報をデータで管理しますし、新規、追客、契約といった営業プロセスもパソコンで管理します。資料や契約書もパソコンで作成します。

そこで、まずは必要最低限のパソコンスキルを身につけてもらうため、商工会議所主催のパソコン講座に通ってもらうことにしました。それから2カ月ほど掛け、とりあえず簡単な入力作業くらいはできるようになったところで入社してもらうことにしました。

今どきパソコンが使えない人がいるのかと驚く人もいるでしょうが、夜職の人はスマートフォンさえあれば顧客に連絡できるため、仕事でパソコンを使う機会がありません。パソコンを覚えるよりも顧客の特徴、性格、好みなどを覚えることのほうが重要な仕事なのです。

また、Nさんより下の世代は学校でパソコンの授業があり、基本的な使い方を学びますが、Nさんの時代にパソコンの授業はありませんでした。つまり、どういう仕事をしてどんな環境で働くかによってデジタルデバイド（情報格差）が起きるため、Nさんのようにパソコンに触れたことがない人もいるのです。

●たった2週間で案件を初成約

パソコン操作で苦労しつつも、仕事ではNさん特有の社交性と接客力を活かし、オーナー開拓が順調に進んでいきました。物件売却は重要事項説明が必要になるため、まず担当したのは売却物件を見つけ、仕入れることです。

Nさんが最初に物件を仕入れたのは、入社して2週間後のことです。ボロボロの2階建てアパートでした。部屋数は1階、2階を合わせて10部屋で、入居している部屋は2部屋だけです。オーナーはすでに高齢で、アパートを建て直すつもりもなく、手放したいと思っていました。そこに運よくNさんが飛び込み営業をし、私の会社で買い取ることになったのです。

たった2週間で仕入れてきたのはすばらしいのですが、重要なのは売れるかどうかです。私はこんな物件を買う人がいるのかと思いましたが、世の中には古いアパートを改装し、賃貸に出したいと考えている人もいます。ボロボロのため仕入れ価格もそれほど高くありませんので、あとは販売の担当者に任せればどうにかなるだろうといった感覚で見守ることにしました。

それからしばらくしてNさんから、あのアパートを自分が売った場合は自分の成績になるのかと聞かれました。売却の契約はできませんが、買い手を見つけるなら問題ありません。買い手を見つけてきたら、もちろんNさんの成績です。私は買い手候補がいるのかと聞くと、Nさんはちょっと思い当たる節があると言い残し、出ていきました。

Nさんがどこに行ったかというと、ボロボロのアパートの隣の家です。隣に住んでいる人に隣のアパートが売りに出ているので買わないかと営業しに行ったということです。

これがうまく当たり、売却が決まりました。仕入れてから約2週間、Nさんの入社から数えて1カ月も経たないうちに仕入れと売却をやってのけたのです。収入面では、仕入れたのはNさんですし、売却も実質的にはNさんが行ったようなものですから、Nさんは両手分の手数料を稼ぎ出しました。

実は、売却物件の隣の人が買うケースは売買営業でよくあることです。個人も法人も、隣の土地には興味があります。自宅を広くしたい、会社の敷地を広げたいと思っている人は多く、お金の余裕があればほとんどの人が前向きに検討してくれるのです。

Nさんが見つけた買い手も隣のアパートがずっと気になっていました。ボロボロなので景観が良くありません。入居者が少なく、オーナーの手入れも甘いため、建物が老朽化していきます。

それなら、自分が買って、更地にしたほうがいいに決まっています。アパートを建ててもいいですし、その分のお金が足りなければ、しばらくの間は自分の庭にしておくこともできます。子どもがいる場合、将来的に子どもが住む家を建てることもできます。Nさんはそのような話をして、見事に売却を決めてきたのです。

ここで重要なのは、Nさんが自分で隣に営業に行くという方法を考え、実行したことです。私は教えていません。隣が空いたら買いたがる、隣や正面の土地は多くの人が興味をもつということを、Nさんは夜職で接客していた地主たちとの会話で知っていたのです。

●オーナーの心理を読む

Nさんが営業センスを発揮した例をもう一つ挙げます。ある日、Nさんは福岡の中心部にあるアパートを見つけました。25坪ほどの土地に建っている一棟4戸の小さなアパートで、誰も住んでないため廃墟のような見た目でした。ただ、立地条件は良く、地下鉄の駅から徒歩2分です。この物件に当たってみてもいいかと聞かれたので、私は許可しました。アクセスが良いので、買い手がすぐに見つかるだろうと考えたのです。その後、Nさんと一緒に現地を見に行き、建物の状態はどうか、シロアリ被害はないか、水漏れはないかなど調べました。

アパートの所有者を調べてみると、京都に住んでいる人だと分かりました。そこで、Nさんはオーナーに手紙を書き、何度か連絡を取り、営業部門の責任者とともに京都に出掛けて買取の提案をすることになりました。

オーナーとの会話では、物件の老朽化が進んでいること、全室空き家で赤字物件になっていることなどを伝え、処分するなら私の会社が買い取ると提案しました。オーナーも最近は物件を見に行っておらず、放置したままになっていました。

老朽化の現状は、現地で撮った写真を見せながら説明します。そのとき、オーナーが勘違いをしました。現地でNさんが撮った建物全景の写真を見て、ここに人影がある、誰かが寝ているように見える、もしかしたらホームレスが住み着いているのではないか、と思ったのです。

結論からいうと、オーナーがホームレスではないかと疑った人影は私の姿です。私が現地で這いつくばり、いろいろ調査しているときに、Nさんが写真を撮ったのです。

Nさんは、私と一緒に現地を見に行ったので、それがホームレスではなく私であると気づいただろうと思います。ただ、オーナーの疑惑は否定せず、ホームレスが住み着いた場合はどうなるか、という前提で話を進めました。その意図を察して、同行していた営業の責任者もオーナーのリスクについて説明し、仮に勝手にホームレスが住み着いた場合であっても、建物の瑕疵などによってホームレスがケガをした場合、民法第717条土地工作物責任はオーナーに賠償責任が発生する、といった話（判例）をしたのです。

実際、賠償責任義務は発生します。例えば、ビルの外壁が落下し、通行人がケガをしたとき、柵のない池に誰かが落ちたときなどは、ビルや池の所有者が賠償責任を負います。特にこのアパートは手入れ状態が悪く、台風などによって階段が落ちたり屋根が飛んだりする可能性がありました。その結果として誰かが損害を負った場合、住んでいる人がいれば借り手が責任を負うこともありますが、誰も住んでいない場合はオーナーが土地工作物責任を負うことになり、損害賠償すると決まっているのです（所有者の無過失責任）。

その話を聞いて、オーナーはすぐにでもアパートを手放したいと考えました。そもそもオーナーは、京都と福岡が離れているということもあって、2年以上現地を見に行っていませんでした。改装する気持ちも資金もなく、かといって入居者が入ることもなく、売ってほしいと尋ねてくる人もいないまま、ただ放置するだけの状態が続いていました。

その状態で、ホームレスに賠償責任を問われたらたまりません。ケガならまだしも死亡事故などが起きれば物件は心理的瑕疵物件、いわゆる事故物件となり余計に売れなくなります。オーナーとしても一刻も早く物件を手放したい意向を示したため、私の会社で買い取る話がまとまったのです。

●空気を読む会話で相手を喜ばせる

Nさんが仕入れた廃墟のようなアパートは、その後、建物の仕入れ値の何倍もの値段で売れました。

その成果もさることながら、私が感心したのはオーナーの勘違いに対するNさんの対応です。

宅建業法が規定する重要事項説明のように、伝えなければならないことを伝える義務はあります。しかし、その範疇にないことであれば、仮にそれが真実だったとしても、言ってもよいし、言わなくてもよいことです。

例えば、夜のお店で働いている女性で彼氏がいるとして、わざわざそのことを顧客に言う必要はありません。顧客としては、真実を知らされることで「なぜ彼氏がいる女性にお金を貢がなければならないのだ」と思うからです。

Nさんのケースもまさにその一例です。実際にホームレスは住み着いてはいませんが、Nさんはその部分の真実ではなく、もしホームレスが住み着いていたとしたらという前提で話を進めました。これは中洲での10年のキャリアがあるからこそ成せるスキルだと思います。接客業の経験がなかったとしても、男女の違いで考えれば、隠しごとが下手な男性よりも機転が利く女性のほうがNさんのような営業ができるだろうと思います。

もちろん、嘘はいけません。ホームレスが住んでいるのではないかと聞かれ、そうですと答えるのは嘘ですので、これは顧客との信頼構築が重要な営業にとって最も悪い対応です。しかし、Nさんは嘘はついていません。騙したわけでもありません。そこにいた人物がホームレスだったのかどうかの真偽を上手に避け、言わなくてよいことは言わず、オーナーにとって不利益となる状況がどういう状況かを話したのです。

また、これは会話力によるものともいえます。オーナーは、放置している物件に誰かが住み着いているかもしれない不快さや、勝手に住み着いた人に損害賠償金を払う理不尽さを感じました。その感情をNさんは見抜きました。これは前職での地主たちとの接客を通じて、オーナーがどういうことを嫌がるのかを感覚的に理解していたおかげです。つまり、普通の人よりも見聞が広いのです。また、大勢の人とあらゆる会話をしてきたなかで、相手の気持ち、感情、感覚をとらえる力を磨いてきた結果ともいえます。

かつてKYという言葉が流行りました。その場の空気が読めない人、相手の感情や気持ちが分からず、自分主体で発言し、行動する人のことです。接客業は相手に心地よい時間を過ごしてもらう仕事なのでKYでは務まりません。営業も、オーナー向け営業のような対人営業は空気が読める人が重宝され、信頼され、成果を出します。

ずっと家でテレビやスマホばかり見ている人や、夫や近所の主婦友達とたまに話したりするだけの人に、オーナーの気持ちを察することはできなかったと思います。会話は場数です。天性のおしゃべりが良いわけではなく、会話はキャッチボールとよくいわれるように、ただ投げればよいわけではなく相手が取りやすい球を投げる必要がありますし、相手の球をうまく受けることも大事です。普段からキャッチボールをしていない人が、いきなり上手にキャッチボールしようといわれてもできません。

その点で、Nさんは、言わなくてよいことを言わないスキルも含め、プロ選手並みのキャッチボールができるようになっていました。この例からも分かるように、売買営業で大事なのは資格ではなく相手と良い関係性を築く力です。接客業の経験者はその力があり、資格や経験の有無にかかわらず、売買営業として成功する可能性をもっているのです。

［ケース4］　細かな気配りでオーナーの信頼を獲得

【Aさん　30代　賃貸営業から転身】

●女性の長所は色気ではない

不動産営業を長く続けてきた私の結論は、売買営業は女性が輝ける仕事だということです。このことは周りの人にもよく話すのですが、容姿やスタイルがいいからチヤホヤされる、下心をもった顧客が寄ってくる、ミスしても女性だから許されやすい、といったような意味に誤解されます。

もちろん、そのような理由で営業がうまくいくこともあります。例えば、以前勤めていた女性営業員のケースです。

その女性と一緒に、なかなか売却に応じてくれないオーナー宅を訪ねたことがあります。このオーナーには私が3回ほど一人で売却の提案書を持って行っていたのですが、全然興味を示しません。このくらいの買取金額でどうでしょうと提案しても、うーんと言って渋い顔をしますし、価格を上げて再提案を行っても応じてくれません。

営業は相手との相性も重要です。なんとなく信用しきれない、なんとなく不安、なんとなく話しづらいといったなんとなくの感覚が重要で、私はこの人と相性が悪いのだろうと考えて、女性営業員に任せるつもりで同行してもらったのです。

すると、オーナーの態度が一変しました。私が一人で営業していたときとは別人のように笑顔になり、女性営業員の提案を食い入るようにして聞いていました。最後には君が言う価格ならいくらでもいいとでも言いそうな勢いで、契約がまとまることになったのです。

ただ、このように女性を前面に出す（出てしまう）営業は諸刃の剣でもあります。別の女性営業員の例で、オーナーにはとても受けが良かったものの、オーナーの奥さんに不快感を与え、「あの女性営業員を来させないでください」とクレームが来たことがありました。

彼女が営業に来るのが楽しくなり、来たときには会話が弾んで余計に楽しくなり、その様子を見ていた奥さんの機嫌がだんだんと悪くなっていったのです。

●クレーム対応と残業に嫌気がさした

女性の素質をうまく発揮している例として、Aさんがいます。Aさんは賃貸営業出身で、売買営業に転向してきた30代の女性です。

Aさんの背景について少し説明すると、Aさんは賃貸営業が嫌になり、ただ、不動産の世界には興味があったため、売買営業を志望していました。賃貸営業が嫌になった原因はいくつかありました。その一つは、クレーム対応が多いことです。入社する前から事前情報として賃貸はクレームが多いと知っていました。しかし、実態は想像以上で、入社して間もなかった頃は特にあらゆるクレームの電話を担当させられ、不動産業について学ぶ時間がほとんど取れなかったと言います。

借り手に関しては、細かい要望や要求を出し、なかなか決めない人が一定数いることも悩みのたねだったと言います。賃貸物件は相場があるので、10万円の家賃が5万円になるようなことはまずありません。オーナーも事業として、つまり利益を出すために物件を貸しているわけなので簡単には家賃の値引きはしないのです。しかし、借り手はそのような事情まで考えないため安くしてほしいと要求しますし、安くならなければ別の物件を探してくれと要求します。その役目を担うのが賃貸営業です。毎日のクレーム対応、交渉成立の見込みがない賃下げ交渉、見つかるアテのない物件の探し直しによって、Aさんが仕事を学ぶための時間はほとんどなくなりました。借り手のなかには、夜に部屋の内覧（案内）を希望し、そのあと、Aさんを食事に誘う人もいました。部屋ではなく彼女を探しているのではないかと感じることもあり、Aさんの仕事に対するモチベーションが低下することもありました。

賃貸営業に嫌気がさした二つ目の理由は、サービス残業の多さです。Aさんは宅建をもっていなかったため、仕事と勉強を両立させようと考えていました。会社もAさんに早々に宅建を取るようにと伝え、勉強することを勧めていました。入社当初は意欲に溢れているので、仕事をたくさん覚え、実務を通じて勉強も頑張ろうと思っていたのです。しかし、実際にはうまくいきません。仕事を頑張ろうにもクレームとわがままな買い手の対応ばかりで、宅建の勉強についても、毎日のように残業があり家に帰ってから勉強する気力も体力も残らないような状況だったのです。

会社では日々、20時頃から営業会議がありました。その日、翌日、その月の成績などを共有する会議です。ただ、会議というのは名ばかりで、実際には店長が成績が悪い人をコンコンと説教する詰め将棋です。Aさんはクレーム対応などに時間を取られているため、成績が振るわず、毎日のように詰められました。おそらく、店長もその上席のエリアマネージャーなどから成績が悪いと詰められているため、その鬱憤晴らしが営業会議なのです。ちなみにこれはAさんが勤めていた会社に限ったことではなく賃貸営業にはよくある話です。なかには、パワハラ、モラハラのように成績が悪い人を吊し上げる会社もあります。

Aさんはこのような状況から抜け出すため、賃貸ではなく売買営業に目を向けました。そして、私の会社の面接に来ることとなったのです。

●成長意欲をエネルギーに再出発を決意

面接で話を聞き、Aさんが忍耐力がある人だと分かりました。ブラックに近いグレーな環境のせいで賃貸営業が嫌になった人は、そのほとんどが別の業界に転職します。賃貸営業という仕事に疲れてしまい、不動産業界そのものが嫌になってしまうのです。しかし、Aさんは違い、売買営業なら可能性があるかもしれないと考え、不動産業界で成長し、成功しようという意欲をもっていました。

その忍耐力があれば、売買の営業で成長できます。賃貸と比べて覚える業務は多いのですが、一から教えれば成長するだろうと思いました。Aさんには売買営業をしっかり学びたいという素直さもありました。

また、普通は賃貸営業で酷使された人は成長意欲を失ってしまうケースがほとんどです。この点でもAさんは違い、宅建取得に意欲的でしたし、自分のキャリアの幅を広げるために建築士の資格も取りたいと言いました。営業としての可能性は未知数でしたが、成長意欲がある人が着実に伸び、たくさん稼げるようになるのが営業職の特徴です。

不動産の買い手は、賃貸の借り手のように細かく無理な注文をつける人が少なく、仕事さえきちんとこなせばクレームもありません。Aさんにとっては、無駄な時間を取られることがなくなり、勉強に集中しやすくなります。

環境が変われば仕事と向き合う姿勢が変わるものです。やってみたい仕事ができる、学びたいことが学べるといった実感でモチベーションが高まります。私はそこに期待して、Aさんを採用しました。一方のAさんも、ここでダメなら不動産業界で働くことを諦めようと考えたようで、最後のチャンスと思って懸命に仕事に取り組みました。

面接する人の数が増えるにつれて、この人は伸びそうだ、この人は難しいといったことがだいたい分かるようになります。面接のときには分からなくても、10日ほど営業をしてもらえば、営業として伸びるかどうかも見えてきます。

伸びる人は共通して、やる気と覚悟があります。不動産の仕事をしたいという熱意と、プロを目指す成長意欲がやる気を生み出します。そのために正しい勉強を続けていく覚悟をもっている人が成長していきます。

この仕事が嫌い、やりたくないと思っている人や、いつ辞めてもいいと思っている人には、どんなことを教えても伸びません。首に縄を掛けて仕事を覚えろ、勉強しろと言っても、伸びない人は伸びないのです。その点で、Ａさんにはやる気と覚悟がありました。

採用にあたり、私が伝えたのは売買取引は賃貸とは違ってちょっとしたことで訴訟となる可能性があるため、責任が重い仕事だということです。責任ある仕事をしっかりやり遂げるために宅建の資格を取る必要があります。そして私の会社は取り扱う物件の範囲が広く複雑な条件の物件も扱うため、他社よりも覚えることが多いです。ただ、その分他社で10年働いて身につくことが私の会社であれば3年で身につき、一人前の売買営業になるまでのスピードが圧倒的に速いというメリットもあります。これらをＡさんに伝えたところ、彼女は売買営業として再出発することになったのです。

●女性の長所を活かして男性営業員と差別化

Ａさんは売買営業の経験がなく、賃貸営業についてもクレームや買い手の対応ばかりしていたため、営業力が未知数でした。しかし、その点は心配無用でした。むしろ、持ち前のやる気と女性の素質をうまく発揮して、オーナー向け営業で頭角を現していくことになるのです。

例えば、営業を掛けているオーナーや追客中のオーナーには、バレンタインデーの日などにハンカチをプレゼントします。女性営業員は、女性というだけでオーナーに覚えてもらいやすく好感をもってもらいやすいのですが、センスの良い1000円ほどのハンカチを持参することでさらに印象が良くなります。

こういう気遣いは男性にはなかなかできません。菓子折りなどを持参することはあっても、私がハンカチを持って行ったら気持ち悪がられるだけです。Aさんはオーナー向け営業がほぼ未経験だったにもかかわらず、女性ならではの視点で相手を喜ばせる方法が分かっているのです。

また、相続物件の売却を相談されたときなどに、誰の発言の影響力が強く、誰がキーマンなのかを見抜く力にも長けていました。これも男性より女性のほうが得意なことが多く、特にAさんは関係者への目配り、気配りが優れていたため、決定権をもっている人を見抜き、きちんとコミュニケーションを取っていました。

商談の場面において、男性営業員で多いのは、売買金額のことで頭がいっぱいになり、価格の話に終始する営業です。しかし、オーナーにとっては必ずしも売却が最善とは限りません。相談を受けた際には、当然、売却も考えますが、同時に、維持できないか、活用できないかといった視点でも検討します。私の考えは、維持と活用を考えて、どうしてもそれが難しい場合に、最後の選択肢として売却があると思っています。Aさんも素直にその考え方を習得し、どのオーナーにも売却以外の選択肢があると伝えていました。

買い取りたい、この価格ではどうかと迫る情熱的営業マンと、維持、活用の方法を一緒に考えてくれる女性営業員がいた場合、ほぼすべての人が女性営業員に任せたいと思います。

実際、売らずに活用しようと決めたオーナーは何人もいます。会社としては売却の手数料が取れません。しかし、女性営業員の提案によって信用が得られれば、本当に物件を処分したいと思ったときにAさんに声が掛かります。オーナーのなかには新たな物件を購入したり、ほかに売却を検討中の物件を持っていたりするケースもあり、その際にも声が掛かるようになります。威圧的営業マンに声を掛けると、また「売ってくれ」と言われる恐れがあります。女性営業員ならそのような不安は軽減されます。その点でも、Aさんは女性ならではの人当たりの良さや、相談しやすい雰囲気づくりを心掛けていました。

売買営業で女性が輝く理由は、色気ではありません。気遣いや気配りといった男性に欠けがちな素質をもっているからです。Aさんは、私が女性に売買営業を勧める理由を正しく理解し、実践しているのです。

Aさんの仕事ぶりを見ながら、私はAさんが営業として成功すると確信しました。センスというと抽象的に聞こえるかもしれませんが、営業はセンスが大事です。センスは、誰かに教わるものではなく、Aさんには潜在的にそのセンスがあると分かったのです。

営業の力は後天的に身につけ伸ばしていくことができます。しかし先天的な部分も大いにあると私は思っています。例えば、小学校のときにリレーの選手になる人はだいたい決まっています。1年生で選手だった人は6年生までだいたい選手です。先天的に足が速い人は周りから速いと褒められ、うれしいのでさらに運動をして、足が速くなります。そういう良いサイクルが自然とでき、そのなかで能力が伸びていくのです。

営業も同じで、できる人は少し教わるだけで実践できてしまいます。女性の素質をうまく発揮する人は、甘え上手、笑顔が可愛い、声がいい、言葉遣いが優しいなど、無意識に女性の良いところを出すことができるのです。逆に、過度に女性を意識すると色気になってしまい、それは相手に不快感を与える要因になります。Aさんはその境界線を感覚的に分かっていました。こういうふうに接したら喜ばれる、こういう態度を取ったら敬遠されるといったことが分かり、自然と行動に反映できるのです。

●女性の素質を活用するだけでなく営業としてのテクニックも身につける

Aさんの特徴についてももう一つ追記すると、言わなければならないことをはっきり言う性格で、その点もオーナーの信頼獲得につながっていました。例えば、売却を検討しているオーナーには、売却した場合のデメリットをメリットより先にきちんと説明します。不動産会社に限らず、人は知られたくないこと、教えたくないことをなるべく言わずに済まそうとするものです。伝えるにしても、オブラートに包んだりして隠そうとします。しかし、Aさんはデメリットを先に言います。事実をすべて知ってもらうことで、オーナーに最善の選択をしてほしいと心から思っているのです。この姿勢がAさんの信頼につながります。こういうデメリットがあります。一方で、こういうメリットもあります。それらをトータル的に考えて、私は売却がいいと考えます。そういう伝え方をすることでAさんの提案の説得力が増すのです。

また、オーナーからアポイントを取るときもはっきりしています。「いつが空いていますか？」とは聞きません。「明日か明後日にうかがいたいのですが、どちらがよろしいでしょうか？」と、アポイントをもらうことを前提に、選択肢を絞った質問をします。同じことを男性営業員がすると強引さが前に出てしまいます。しかし、女性が柔らかい口調で言うとオーナーは強引さを感じにくくなります。そういったときに女性の素質を活用するのもAさんは非常にうまいのです。

アポ取りの電話をして、訪問して、提案して、契約に漕ぎ着けていくという営業の一連の流れは、男女関係なく行っていることです。アポ取りのやり方を見ても、Aさんは強引なほうに分類されると思います。しかし、男性営業員のようにしつこいとは思われません。むしろ、一生懸命やってくれている、頑張っていると思われることが多く、応援されます。Aさんについて良い人を採用したねと言われることもあります。

威圧的な営業マンでこのような評価を受ける人はほとんどいないと思いますし、私もこれまでの営業経験のなかで、感謝されたことは何度もありますが、努力や頑張りを褒められたことはありません。世の中の共通した感覚として、男は頑張るのが当たり前で、頑張ることがプラス評価にはなりません。そのような違いを理解していることもAさんの強みの一つです。女性らしく、自分らしく仕事を楽しみ、キャリア形成していくという点でAさんは女性営業員が成功するモデルケースともいえると思います。

［ケース5］　すでに不動産売買の世界を謳歌している女性

【Yさん　40代　営業事務から転身】

●バツイチで子ども二人の母親がトップセールスに

40代前半の女性Yさんがこの業界に入ったのは10年以上前のことです。その当時はバツイチとなったばかりで、二人の子どもとともに生きていかなければならないということで先が見えない状況であり、ある不動産会社の営業事務の面接を受けに行ったそうです。

当時の彼女の気持ちとしては、バツイチで子どもは二人、しかも2歳と4歳というまだまだ手の掛かる状況でした。しかもYさんはすでにいくつかの会社の面接を受けていましたが、こうした家庭の事情が原因でどの会社からも採用してもらえませんでした。Yさんはこれが最後の砦という気持ちで、今働いている不動産会社における営業事務の正社員採用面接を受けたのでした。

なんとしても安定した生活を手に入れたいというYさんの意欲に満ちた目を見て、その不動産会社の代表はYさんの採用を決めたそうです。その後、すぐに代表から営業事務でなく賃貸営業をやってみないかと言われ、Yさんは自分に務まるのかと疑問をもちながらも賃貸営業へ転身することになりました。

ただYさんは宅建の資格ももっていませんでしたし、子どもが小さいため、夕方以降のオーナーとのアポイントや部屋探し、顧客への案内などができないことがネックとなりました。Yさんはそうした事情を代表に相談したところ、夕方以降は子どもを連れていきなさいと言われたそうです。オーナーや顧客の前に子どもを連れていって大丈夫なのか、怒られるのではないかと不安でいっぱいでしたが、すぐにこの不安は解消されました。子どもと一緒になって仕事をする姿を見て、オーナーからは逆に応援してもらい、物件を探している顧客からは、何軒も案内する姿を見て感謝の言葉を伝えてもらったり、顧客も子連れだった際に子ども同士で仲良くなり、逆に案内はスムーズに進んだりしたそうです。

そして実際にYさんは会社のノルマ以上の成績を上げ続け、実務を先に経験したうえで宅建資格も取得しました。そのうち手が掛かっていた子どもたちも大きくなり、留守番ができるようになった頃、Yさんは代表からの誘いで売買営業に転身しました。

彼女は売買営業でも本領を発揮し、気がつけば会社内のトップセールスに登りつめていました。彼女は賃貸営業を経験してから売買営業に転身したため、実務経験としてはこれ以上ない完璧の状態だったといえます。しかも金銭的にも精神的にもいちばんつらい時期を乗り越えたことで自信もあったに違いありません。

また、Yさんだけでなくこの会社の代表の育成にも私は感心させられます。彼女が売買営業に向いていることをいち早く見抜き、彼女をうまく説得して営業させたことが現在の売買営業で活躍し続ける今のYさんにつながったと思います。

現在、Yさんは売買営業を束ねる管理職になりこの代表を支える貴重な人材へと成長し続けています。結論をいえば、不動産売買は宅建を先に取得しなくてもいいということ、そして、女性であることやバツイチであること、子どもが小さいというのは「乗り越えられるハンディキャップ」だということです。

新約聖書のなかには、「神は真実な方です。あなたがたが耐えられないような試練に遭わせることはなさらず、試練とともに、それに耐えられるよう、逃げる道も備えてくださいます。」（コリント人への第一の手紙 10章13節）と記されています。これは、どんなに苦しいことがあっても、それは神の試練であって、必ず乗り越えられるということです。

確かに試練はその真っ只中にいるときはつらいものですが、それを乗り越えたとき、より大きなものを得ることができるのなら、そしてそれを見守る大きな存在がいるのなら、力が湧いてくるような気がします。Yさんは与えられた試練を乗り越えたからこそ不動産売買営業で成功を収めたのだと思います。

第5章

収入が上がり、やりがいも
増す不動産売買営業で
“一生安泰”な生活を手に入れる

収入とキャリアが生命線

売買営業をしたいと考えている女性のなかには、そこまで稼がなくてもいい、同年代の平均収入くらいで十分と考えている人もいます。もちろん、収入は売買営業の魅力の一つで、すべてではありません。

しかし、女性がますます社会進出していくこれからの時代において、稼げず、キャリアもないという状態は致命傷になりかねません。収入とキャリアの2つは今の生活だけでなく、老後の生活を安定させるためにも欠かせない要素だからです。

例えば、「人生100年時代」という言葉があります。平均寿命が延び続けている今は100歳まで生きても不思議ではありません。100歳ということは、夫が65歳で定年退職するとして、残りの人生が35年もあるということです。この期間を年金収入だけで乗り越えられる人はおそらく少数だと思います。今の生活が経済的に安定していたとしても、それは今だけの話であり、老後も安泰という話にはつながらないということです。

また一時期、老後2000万円問題が話題になりました。金融庁のワーキンググループが試算した結果、年金のみで暮らす夫婦が老後を生きていくために、定年時に2000万円もっておく必要があるという話です。２０００万円なんてとても無理と思うかもしれませんが、年金不安と収入減少のリスクがある時代を生きていくためには、現実問題としてそれなりのお金が必要です。

このお金を準備する方法は２つしかありません。１つ目は、現役で稼げるときにたくさん稼ぎ、貯蓄を増やすことであり、もう1つは、高齢になっても生活費を稼げるキャリアを積んでおくことです。

老後家計難に陥るリスクを抑えるためにも、長生きしてよかったと思えるような安定的で豊かな人生にしていくためにも、中長期視点で十分に稼ぐことができ、貯蓄ができる仕事を見つけなければいけない時代になっているのです。

収入二極化時代をどう生き抜くか

老後の資金問題を考えた際、２０００万円は一つの目安ですが、人によっては２０００万円でも足りない可能性もあります。夫婦で２０００万円準備できたとしても、年金生活になる頃には物価が上がったり年金がさらに減ったりして、お金が足りなくなる場合もあります。

また、そもそも夫だけが稼ぐという構図も見直す必要があります。昭和の時代は夫が外で稼ぎ、女性は専業主婦として家を守るというのがメジャーな日本の家庭像でした。しかし、１９９０年代頃からは専業主婦世帯と共働き世帯の数がほぼ同じになり、現在は共働き世帯のほうが圧倒的に多くなっています。

給料の金額も昭和の時代とは大きく変わっています。年功序列で給料が自動的に上がっていた時代の例を挙げるなら、私が社会人になった頃の会社員の給料（月額基本給）は、年齢×1万円くらいが相場でした。30歳なら月給30万円、50歳になる頃には月給50万円に増えていき、長く働けば働くだけ給料が上がるという年功序列の仕組みだったのです。

しかし、昨今は成果に応じて報酬が決まる会社が増えています。成果が出せない人は給料が増えず、減ることすらある時代です。今も給料の平均金額は年齢とともに増えていますが、それはあくまで平均の話に過ぎません。世の中でよくいわれるように、たくさん稼ぐ人と全然稼げない人の二極化が進んでいます。平均所得の分布にもそれが表れ、平均所得金額以下の世帯の割合が年々増えています。

さらに細かなこととして、役職定年も低年齢化しています。偉くなれば定年まで経済的に安泰というわけではなく、勤め先の会社が外資系企業に買われて、クビになる可能性もあります。終身雇用と年功序列が前提だった昭和の時代のキャリア形成が淘汰されていくこれからの世の中では、現状は夫婦共働きで家計が安定していたとしても、夫の給料が50代、60代になって減り、今と老後の生活費が足りなくなる可能性があるのです。

そうなった場合、定年までにまとまった貯蓄を準備するのが難しくなります。収入が減った分を補い、家計を支えられるのは妻である女性しかいません。そもそも夫（の収入）には頼れない、頼るつもりはない、夫はいない、結婚する予定はない、将来的に離婚すると思う、という人は、なおさら経済的な自立を考えなければなりません。

自立とはつまり、稼ぐ力をつけることです。パートでのんびり働くのも良いかもしれませんが、それでは経済的な不安を解消できませんし、不景気になれば真っ先にクビになります。働く側にとっても、単純作業が多いパート業務から学べることはほとんどなく、収入も増えません。

これは歩合給がある営業として働く理由の一つです。営業職は努力した分だけスキルが身につきますし、報酬も増やしていけるからです。

時代とともにキャリア形成の形が変わっても、売れる人、稼げる人、売ったり稼いだりする人を育てられる人は会社にとって必要なので、社会で重宝され続けます。つまり、不動産売買営業のスキルがあれば、それを継続的にアップデートしていくことで経済的に自立でき、さらに自立した状態を長く継続できるのです。

営業が大量に脱落していく時代

たくさん稼ぐ人と全然稼げない人の二極化が進んでいる話や、役職定年の低年齢化で年功序列制度がいよいよ崩壊し始めたという話は、実は不動産業界も同じです。これは売買営業をする人が注意しなければならない点の一つです。

従来、不動産会社は売れない人にハッパを掛けて「売ってこい」「取ってこい」と指導していました。しかし、あまり強く尻を叩くと、若い人たちが嫌になって辞めてしまいます。社会的には、「売ってこい」「取ってこい」と指導することがパワハラ、モラハラの観点でコンプライアンス違反となる可能性もあります。

かつて若者は3年で辞めるといわれたときもありましたが、今もその傾向は続き、高卒も大卒も3割以上の人が3年以内に辞めています。企業側から見れば、採用と教育に掛けたお金と時間の3割以上が無駄になっているということです。また、3年もってくれれば良いほうともいえます。退職した人の内訳を見ると、3年以内に辞めた人のうち、最も多いのは1年目に辞めた人です。

この状態から抜け出すためには、若い人が定着しやすい環境に変えなければなりません。そのためには「売ってこい」「取ってこい」の厳しい指導をやめるか、少なくとも和らげる必要があります。

そうなると、稼ぐと決めて努力する人と、無理はしたくないと考える人に分かれ、収入も二極化します。そもそも売買営業は歩合給がメインで、その点では、成果主義になりつつある世の中を先行しています。

この環境で生き残っていくためには、売買営業として成功し、プロになるというやる気と覚悟が問われます。見方を変えれば、売買営業の世界には不勉強な人がたくさんいますし、気合いと根性で契約が取れると信じ、非効率的な営業をしている威圧的な営業マンもたくさんいます。そういった環境だからこそ、不動産のプロを目指して努力する人が報われやすく、稼ぐ人と稼げない人が二極化していく時代で勝ち残れる確率が高いのです。

定年のない業界で稼ぎ続ける

キャリアという点から見ると、売買営業はスキルであり、磨き続けていくことができます。重要なのは顧客に信頼され、その結果として物件の取引を任せてもらうことなので、会社の制度などによらなければ基本的には定年なしで稼ぎ続けることができます。これは老後の家計不安を解消するうえで重要なポイントです。定年までに2000万円相当の貯蓄がつくれなかったとしても、売買営業のプロとしての実力が備わっていれば、現役として稼ぎ続けることができるからです。

実際、私の会社のスタッフ（女性）でも、最高齢で73歳のスタッフが電話対応を中心に仕事を続けています。もちろん、そのためには日々の研鑽が必要ですが、知識さえアップデートしていけばサステナブルに稼ぐことができます。人生の充実度という点でも、65歳で定年退職し、その先ずっとやることがない人生は寂しいものです。売買営業は年齢に関係なく社会と関わり続けることができます。社会の役に立ち、顧客に喜ばれる人として、長く続けられる数少ない仕事の一つなのです。

売買営業を中長期のキャリアにするための条件は、自分の知識を磨き続けることです。また、知識と経験を増やし、宅建マイスター、宅建マイスター・フェロー、公認不動産コンサルティングマスターなどの上位資格を取得する価値はこれからさらに高まっていくと考えられます。

法律は基本的には弱者になる人を守るためのものとして改正されていきますので、今後も宅建業法は、オーナーや買い手を守ることを目的として、重要事項説明や売買契約書などの作成についての要件が厳しくなります。その結果、業務の管理やフローが甘い不動産会社や知識不足の宅建士は勉強不足が原因で淘汰されていきます。一部の会社や宅建士がトラブルを起こすことで、業界全体の信用が低下する可能性もあります。

それを防ぐためには国土交通省が推奨する宅建マイスターや国土交通大臣登録証明事業の公認不動産コンサルティングマスター（いずれも公益財団法人不動産流通推進センターが認定）が知識向上の

啓蒙活動を行うことが求められます。宅建士にとどまらずに知識吸収を続けることで、自分が稼ぐだけでなく、業界変革のために役に立つというキャリアの道も拓けるのです。

ちなみに私は中央大学卒業生で構成している大学不動産連盟の一員である不動産建設白門会に所属しているのですが、そのなかには80代で現役の先輩もいます。この年齢になるとさすがに現場を飛び回ることはできませんが、業界の先輩としてアドバイスをしたり相談に乗ったりと今も活躍中です。

継続的に勉強を続けていれば、売買営業の知識と経験は年齢と比例して増えていきます。そのため、彼の前では70歳の営業でも若造で、私はその先輩に何度か挨拶させてもらっていますが、いつまで経っても青二才の扱いです。

また、その先輩は現場を飛び回ったりはしませんが、契約は着々と取っています。地場である東京は物件価格が高いため、金額が大きい契約なら1件取ればその年の収入としてそれなりの金額になります。このことからも、不動産売買の営業スキルは経済的にも社会的にも、豊かな老後を過ごすために役立つものということが分かると思います。

女性営業員が本格的に増え始めている

業界の変革と活性化という点では、女性営業員が増え、女性が輝く仕事であると広く周知されることも重要なポイントです。その点でも、すでに変化が起きつつあります。

先日、宅建協会主催のセミナーを聴く機会がありました。題目は「不動産売買の重要事項の調査について」で、毎年、私が尊敬する先輩が講師を務めているセミナーです。そのときに気づいた変化は、60名ほどの受講者のうち約4割が女性だったことです。数年前まで女性の割合は1割もないくらいでした。その光景を見て、売買営業に興味をもつ女性が増えていること、また、売買営業こそ女性が輝ける仕事だと気づき始めている人が増え始めていると感じました。

また、受講者の女性は真面目で、先輩の講演が終わったあと、質問するために列をなしていました。これもかつてはなかった光景です。男性営業員はセミナーが終わるとすぐに帰ります。この日も彼らはさっさと帰っていました。一方、多くの女性たちは真剣です。勉強熱心です。その様子から、不勉強で威圧的な営業マンたちがこの女性たちによって淘汰されていく未来が見えた気がしました。

セミナーに参加していた女性の多くは自分で不動産事業をしている経営者です。彼女たちは売買営業が女性が活躍しやすい仕事だと身をもって分かっています。当然、営業を採用するとしたら女性を選びます。そう考えると、近い将来、不動産会社の間で女性営業員の取り合いが起きることも考えられます。私を含め、積極的に女性営業員を採用している経営者にとっては女性営業員を増やしづらくなり、競争優位性が薄れるという点で不利な変化ですが、勉強熱心な女性営業員が増えることは業界全体としては良いことです。

数年先のことは分かりませんが、威圧的な営業マンの存在感が強い売買営業の世界も、女性が働きやすい環境に変わっていくかもしれません。むしろ、そう変わっていかなければ永遠に人が集まらず、業界全体が衰退していくだろうとも思います。

また、セミナーで熱心に質問していた女性のなかからは、新たな宅建マイスター、宅建マイスター・フェロー、公認不動産コンサルティングマスターが誕生します。そう考えると私ものんびり構えているわけにはいきません。日々の勉強を通じて自分を成長させ、進化させていかなくてはならないとセミナーに行ってあらためて思ったのです。

都市部は大きなお金が動く

営業として活躍するためには、そのための勉強と同じくらい、どこで仕事をするかを考えることも大切です。いくら能力があっても仕事がなければ収入にはなりません。特に老後まで見据えた中長期のキャリア形成では、不動産の売買需要がこれからどのように変化していくかを考え、自分が輝き続けられる場所を見つけ出すことが重要といえます。

売買営業は売り手と買い手を結びつける仕事ですので、場所選びのポイントとしては、物件売買が盛んな地域ほど良いといえます。簡単にいえば、ある程度の経済規模があり、人がいて、売買対象となる物件があるエリアです。

売買需要の面から見ると、優秀な売買営業が活躍できるのは東京を中心とする一都三県です。全国で取引されている物件のうち件数の7割は一都三県ですし、金額で見ても7割が一都三県に集中しています。

これは売買営業にとっては大きな市場です。ただし、その分不動産会社の数も多く、全国の宅建業者の4割近くが一都三県に集まっています。つまり、仕事はありますが仕事を狙っている人も多いということです。

また、土地に対して人口が集中していることもあり、物件価格が高いのも一都三県の特徴です。東京を例にすると、新築マンション1棟あたりの平均価格は約6000万円、東京の次に高い大阪だと約4500万円で、1・3倍の差があります。売買営業の手数料は物件価格に比例して大きくなります（取引物件価格（税抜）×3％＋6万円＋消費税）ので、売買営業として受け取る収入も都市部のほうが大きくなりやすく、億単位の物件も多いため、大きく稼げるチャンスがあるといえます。

地方は売買需要が減っていく

一方、地方を見てみると、一都三県をはじめとする都市部とはまったく逆の状況といえます。都市部には物件がたくさんありますが、田舎といわれるような地域にはほとんどありません。売主がいないので新規参入する不動産会社も少なく、全体的に市場が閑散としています。

このような環境で事業をしている不動産会社は、管理業務による収入や相続不動産の売買などで収入を得ているのが実態です。

また、都市部では人口流入によって市場そのものが拡大している街がありますが、地方はほぼ人口が減少しています。中長期的な成長という点で見るとこれは売買営業にとって向かい風といえます。人が減れば仕事も減ります。そのスピードが不動産会社の減少スピードよりも速ければ仲介業者1社あたりの仕事が減り、イス取りゲームのように小さなシェアを奪い合う状況になっていきます。すでに過疎化が進む地域では事業の現状維持すら難しくなっているという声も聞きます。人口減少と地方の衰退は日本全体の課題ですが、不動産業界は特にその影響を受けやすく、人口減少が確定しているこの先数十年は厳しさが増していくだろうと予測できます。

また、人口減少は顧客獲得の面だけでなく、従業員獲得にも影響します。売買営業はスキルさえ身につければ高齢になっても稼げますが、スタートは若いに越したことはありません。若い人のほうが体力があり、頭が柔らかいため吸収力もあります。しかし、地方は若者が都市部に出て行きます。人手不足も日本全体の課題ですが、地方企業は特に厳しい状況にあり、これまでどおり顧客探しをしつつ、並行して人材探しもしなければなりません。中長期で見ると、市場内のシェアを取った企業ではなく働き手となる人を採用できた会社が生き残るのです。

働き手から見ると、労働市場の需要と供給が歪んでいるので就職先はすぐに見つかります。ただし、期待どおりの収入が得られるか、十分な数の契約を扱って不動産のプロとして成長できるかといった点は別問題です。

キャリアを人生ととらえた移住も検討

どこで活躍するかを考えるうえで、都市部と地方のほかに、地方都市も検討してみるべきです。なぜなら、結論から先にいうと、仕事の取りやすさ、中長期的な市場と会社の成長性という点で、地方都市は将来有望なエリアだからです。

売買営業の収入面では、売買需要が多いほうがよく、競合は少ないほうがよいといえます。大都市部は売買需要が多く競合も多い、地方は売買需要も競合もが少ないのが特徴で、その中間に位置するのが地方都市です。

また、国内の不動産投資は一都三県が中心ですが、複数の物件を持つオーナーは地理的なリスク分散を考えて大都市部以外に物件を持つことが多いといえます。例えば、東京にアパートを1棟もっているオーナーが、大都市部の賃貸需要が下がったり、地震などの自然災害に見舞われたりした場合のリスクを考えて、仙台市や静岡市に物件を持つといったケースです。

私の会社が売買してきた福岡県内の物件でも、オーナーが一都三県に住んでいたり、一都三県に住むオーナーが新たな買い手になったりすることがよくあります。地方都市は地理的には各地に点在していますが、売買や投資のお金の出入りという点から見ると、一都三県とつながりがあり、都市部のお金、都市部に住む人の売買需要が流入しているエリアでもあるのです。地方都市は、主に政令指定都市で考えるとよいと思います。私の会社がある福岡市を含め、全国には20の政令指定都市がありま す。

都市部か地方都市か、どちらが良いかは家庭の事情によります。子どもの学校などの事情で引っ越せない人もいます。しかし、老後まで見据えた中長期のキャリアプランを考えるなら、地元を離れて新しい場所で挑戦することも大事だと私は思います。

キャリアというと仕事や働き方のことだと考える人も多いですが、仕事は人生と切っても切り離せないものなので、キャリア（仕事）を考えるうえでは人生の満足度も合わせて考える必要があります。そもそもキャリアプランは仕事に関する計画に限ったことではなく人生そのものを計画することともいえます。

そのような視点で考えていくと、今、住み心地の良い街が、老後までずっと住み心地が良いとは限りません。仕事を変えることで人生を変えるくらいの覚悟と意気込みがあれば、今の人生の環境をまるっきり変えてみる選択もあるでしょうし、環境を変えることによって売買営業に取り組む本気度も高まるだろうと思います。

私の会社にも東京などから面接に来る女性がいます。残念ながら、まだ採用に至った人はいませんが、引っ越ししてでも挑戦したいという彼女たちの意気込みと覚悟があれば、その気持ちを維持している限り、必ずどこかの不動産会社で成功するだろうと思います。

人口が増えていることが重要

売買営業をするエリアとして地方都市が良い点は、市場縮小によって顧客や働き手がいなくなるリスクが小さく、大都市部と比べて競合が少なく、会社として長く生き残れる可能性が高いからです。地方は人が減り、新たに流入してくる人も少ないのですが、地方都市は地方から出る人たちの受け皿となっていることが多く、人口が安定しやすいといえます。

私の会社がある福岡市を例にすると、近隣の県や九州圏内から仕事を求めて福岡市に出てくる人がたくさんいます。特に九州の人たちは地元を離れるとはいっても九州内にとどまりたいと考える人が多く、政令指定都市の人口増加を見ても、20市のうち福岡市の増加率がトップです。日本の人口は2010年頃から減少し始めましたが福岡市の人口は2010年以降も着々と増えています。また、地元から出ないという点では、北海道の人も北海道からは出たくないと考える人が多く、仕事を求める人たちは札幌市に行く傾向があります。その傾向は人口の推移にも見られ、札幌市の人口は日本全体の人口が減っているなかでも190万人前後で安定しています。

ここで重要なのは、政令指定都市でも人口の増減に差があることです。20市の近年の人口増減(2015年~2020年)を見ると、人口増加が大きいのは、福岡市、川崎市、大阪市、さいたま市、横浜市などです。一方、減少率では、福岡市と同じ福岡県内でも北九州市は減少率が大きく、新潟市、堺市、静岡市、京都市、神戸市なども減少傾向にあります。市場を大きくするのは人ですので地方都市を見る際も人口が増えている都市を選ぶことがポイントです。

並行して、将来的な人口動態も考えてみる必要があります。未来のことは分かりませんが、例えば、平均年齢を見ると、仙台市、さいたま市、川崎市、広島市、福岡市などは全国平均（46歳前後）より若い市です。出生率（合計特殊出生率）は静岡市、岡山市、広島市、福岡市、熊本市などは全国平均出生率（1・30前後）より高い市です。平均年齢が若い、出生率が高いエリアは高齢化しづらく、働く人が多く、ファミリー層による賃貸と売買の不動産需要も大きくなります。つまり、中長期的に売買需要が見込め、売買営業のキャリアを築いていけるということです。

キャリアプランは中長期で考える

働く場所について不動産売買の業界を少し俯瞰して見ると、能力とやる気がある人が地方都市で増えていくことは、不動産業界全体の発展につながるだろうと考えています。現状は優秀な売買営業が一都三県に集まっています。一都三県は契約一件あたりの手数料収入が飛び抜けた高いため、高収入を得られ大きなやりがいを求める人がどうしても集まりやすいのです。

しかし、その傾向が続けば、いずれ市場は飽和状態になります。売買需要に対して仲介を行う不動産会社の数が多くなり、優秀な人でもなかなか売買を任せてもらえない市場になっていきます。つまり、大都市部の売買市場はレッドオーシャンで、今後ますます競争が激しくなっていくということです。能力が高くても仕事が減れば収入も減りますので、そのせいで彼らは売買営業を辞めてしまうかもしれません。これは不動産業界にとってマイナスです。

一方、地方都市は今のところブルーオーシャンです。全国展開している大手不動産会社のチェーンはありますが、一定の売買需要に対して優秀な売買営業が少ないのが現状です。大都市部のように働き方が洗練される機会が少なく、優秀な人、売買営業で成功できる可能性をもつ人たちが大都市部に出て行ってしまうため、気合いと根性だけの旧態依然とした営業もなかなか変わりません。これも不動産業界にとってマイナスです。

この不均衡な状態を優秀な人が地方都市で活躍することによって是正していきたいというのが私の思いであり、宅建マイスター・フェローとして解決に貢献していかなければならない課題の一つだと考えています。

女性が輝き、日本が輝く

地方への移住が進んでいく過程では、回帰者、移住者の賃貸・売買需要が大きくなるため、不動産営業の活躍機会も増えます。若い層ほど地方移住に関心が高いため、夫婦やファミリー層向けの不動産市場が活性化したり、彼らを対象とする新しい物件が建てられ、そこで売買需要が増えたりする可能性もあります。

さらに大きな視野で見ると、地方都市の不動産市場が活性化することは日本の経済活性化にもつながります。社会変化に目を向けてみると、コロナ禍をきっかけに地方回帰の動きが出始めました。地方移住に関心をもつ年代を見ると20代や30代など若い層が多く、大都市部で働いていた人たちが地方にUターン、Iターンして働くようになる流れは今後も続くとも思います。すると、地方企業が人材獲得によって活性化し、地方経済も元気になります。

また、そこでも女性の活躍が重要になります。どの業界もどんな市場も人が減れば先細りになりますが、日本がどうにか成長を維持し続けられているのは、貴重な労働力である女性の社会進出が進んでいることが大きな要因です。

今はまだ売買営業が女性に向いていると知っている人が少数です。地方都市の不動産市場がこれから伸びる可能性があることに気づいている人も多くありません。これは仕事のやりがいを求め、中長期で成長していきたいと考えている女性にとって千載一遇のチャンスだと私は思っています。

勇気をもって飛び込めば、そこには女性が輝ける世界があります。宅建士となり、さらにその先にある宅建マイスター、宅建マイスター・フェロー、公認不動産コンサルティングマスターといった資格を取得することで、女性は唯一無二の存在になれるとともに、業界、地域、日本の成長に貢献する貴重な存在になります。貢献した結果として収入も増えます。

そのような人生を実現していくためには、早くスタートすることが大事です。女性営業員が増えるほど女性であることの希少性は薄れます。先にスタートした人はその分だけ早く成長できますし、オーナーや買い手の信頼を得て、顧客を囲い込むこともできます。何事にもいえますが、先に飛び込む人には先行者利益があり、あとからやってくる人に対する参入障壁をつくることができます。売買営業においては、今がまさに先行者利益を得られるタイミングだと思います。

おわりに

女性が長期のキャリア形成をしていくためには、どんな仕事が良いのだろうか。そんなことを考えながら本を読んだりYouTubeを見たりしているなかで、面白い意見を述べている人を見つけました。それは「一生続けられる仕事をしたいなら看護師か宅建士しかない」という意見です。

ずいぶんと乱暴な意見だなと感じつつ、一方では、そうかもしれないと感じました。どれだけ世の中が便利になっても、どんな社会に変わったとしても病気になる人はいます。それはつまり治療に携わる看護師という仕事がなくならないことを意味しています。

宅建士も同じで、社会がどう変わろうと家は必要です。貸す人と借りる人がいて、売る人と買う人がいて、その取引には常に宅建士が必要です。

ちなみに国家資格でいちばん人数が多いのは看護師で約124万人、次に人数が多いのが宅建士となっています。また、この2つに共通しているのは資格職であることです。看護も不動産売買も無資格ではできません。言い換えると、資格があり、継続的なスキルアップと仕事をする意欲さえあれば一生続けることができ、独占業務として普遍的な不変のニーズに応えていくことができるのです。

もちろん、この意見は極論のようなもので、ほかにも女性が一生続けられる仕事はあるだろうと思います。しかし、長期にわたって女性を雇用し、売買営業として成長していく姿を間近で見てきた私にはとても納得感がありました。看護師と宅建士は女性の長期的なキャリア形成において代表的な仕事であり、資格であると思うのです。

本書は仕事を通じた経済的自立を実現し、社会の役に立ちながら自らを成長させ、楽しく、やりがいを感じながら働きたいと考えている女性読者をイメージして執筆しました。本文でも触れてきたとおり、不動産売買の営業は女性が輝ける仕事です。今さら看護学校に通うのは難しいでしょうが、売買営業は今からでもスタートできます。宅建士になり、さらにその先にある難易度が高い資格を目指すことで、長期のキャリア形成ができ、輝き続けることができます。

そういう道があると知ってもらい、自助努力と自己成長を通じて豊かな人生を手に入れてほしいというのが私の願いです。

一方で、私自身も成長を目指さなければなりません。不動産業界では宅建マイスター・フェローとして、また、公認不動産コンサルティングマスターとして、不動産業界の仕組みとイメージ向上に努め、宅建士を中心とした業界関係者が社会に評価され、必要とされ、尊敬の念をもって扱われるような存在にしていきたいと思っています。

また、それとは別の新たな取り組みとして、過日、行政書士の資格を取得しました。

行政書士となった理由は、悪質な不動産会社や宅建士と、悪質とまではいわないまでも、知識、スキル、モラルが足りないことが理由で顧客に損をさせる可能性がある不動産会社と宅建士に対して、「処分等の求め」（行政手続法　第36条の3）を通じて行政処分（指導）を求めることができるようになるからです。処分の求めは、簡単にいえば、行政処分による法令違反の是正を求めることです。この仕組みを通じて、私は不動産業界の浄化を推進したいと考えています。

要するに、一方ではやる気と能力がある女性営業員を応援し、もう一方でやる気と能力のない人の排除を支援し、この両輪で不動産業界を良くしていくということです。これから売買営業のキャリアをスタートする女性たちのなかからは、きっと優秀な宅建士が誕生します。そのことに期待し、彼女たちとともに業界と日本の発展に貢献します。それが宅建マイスター・フェローの使命であり、売買営業として育ててもらったこの業界への恩返しだと思っています。

〈著者紹介〉

白木淳巳（しらき あつみ）

1964年大阪府生まれ。小学2年生のときに鹿児島県へ転居。1985年、国立都城工業高等専門学校を卒業し、東証一部大手機械工作メーカーに入社。1995年、宅地建物取引主任者（現・宅地建物取引士）試験に合格し、同社を退職。不動産会社で不動産売買に従事したのち、大東建託株式会社へ入社。ＴＱＣサークル活動を通してテナント営業業務の改善を行い、年間入居率100％を達成し、宮崎支店を全国トップに導く。1999年、中央大学法学部に入学。仕事と両立し2003年に卒業したのち、上海大東建託に赴任し、駐在員向けサービスアパートメント仲介営業部門でトップの営業成績を上げる。2007年よりシノケン、アパマンショップ勤務を経て、2010年に株式会社Ｒ産託を設立。2020年より「Ｒ産託コンサルタンツ」という屋号を掲げる。2014年より公益財団法人不動産流通推進センター、2019年より某予備校の委嘱を受けて、宅地建物取引士登録実務講習演習指導講師を務め実際に教鞭を執っている。2015年より公益財団法人不動産流通推進センターが主催する不動産流通実務検定“スコア”（国土交通省後援）の問題作成委員を委嘱。2020年2月、全国にいる宅地建物取引士（宅建士）112万人の頂点に立つ「宅建マイスター・フェロー」に全国で10番目に認定される（2023年1月時点で認定者は全国に17名）。宅地建物取引士、賃貸不動産経営管理士、2級土木施工管理技士、行政書士、宅建マイスター・フェロー、公認不動産コンサルティングマスター（相続対策専門士・不動産エバリュエーション専門士）、競売不動産取扱主任者、住宅ローンアドバイザー、土地活用プランナー、不動産キャリアパーソン。

本書についての
ご意見・ご感想はコチラ

女性こそ活躍できる！
不動産売買の世界

2023年3月9日　第1刷発行

著　者　　白木淳巳
発行人　　久保田貴幸

発行元　　株式会社 幻冬舎メディアコンサルティング
〒151-0051　東京都渋谷区千駄ヶ谷4-9-7
電話　03-5411-6440（編集）

発売元　　株式会社 幻冬舎
〒151-0051　東京都渋谷区千駄ヶ谷4-9-7
電話　03-5411-6222（営業）

印刷・製本　中央精版印刷株式会社
装　丁　　立石愛
装　画　　サイトウユウスケ

検印廃止

ISBN 978-4-344-94172-4 C0036
幻冬舎メディアコンサルティングＨＰ
https://www.gentosha-mc.com/